Soziologie

Forum
der Deutschen Gesellschaft für Soziologie

Heft 2 • 2024

Herausgeber im Auftrag von Konzil und Vorstand der Deutschen Gesellschaft für Soziologie:
Prof. Dr. Dirk Baecker (verantwortlich im Sinne des Presserechts)
Redaktion: Prof. Dr. Sylke Nissen und Dipl. Pol. Karin Lange, Universität Leipzig, Institut für Soziologie, Beethovenstraße 15, D-04107 Leipzig, Tel.: 0341/97 35 648,
E-Mail: soz-red@sozio.uni-leipzig.de (Redaktion) oder dirk.baecker@zu.de (Dirk Baecker)

Vorsitzende der Deutschen Gesellschaft für Soziologie:
Prof. Dr. Paula-Irene Villa Braslavsky, Ludwig-Maximilians-Universität München, Institut für Soziologie, Konradstraße 6, D-80801 München
E-Mail: paula.villa@lmu.de, Tel.: 089/2180 2441

Geschäftsstelle der Deutschen Gesellschaft für Soziologie:
Marcel Siepmann (Leitung), DGS c/o Kulturwissenschaftliches Institut Essen, Goethestraße 31, D-45128 Essen, E-Mail: marcel.siepmann@kwi-nrw.de,
Tel.: 0201/1838 138, Fax: 0201/1838 232

Schatzmeisterin der Deutschen Gesellschaft für Soziologie:
Prof. Dr. Heike Delitz, Universität Regensburg, Fakultät Sprach-, Literatur-, Kulturwissenschaft, Altes Finanzamt, Landshuter Str. 4, D-93047 Regensburg, E-Mail: Heike.Delitz@ur.de

Aufnahmeanträge für die DGS-Mitgliedschaft und weitere Informationen unter www.soziologie.de

Die Zeitschrift SOZIOLOGIE erscheint viermal im Jahr zu Beginn eines Quartals. Redaktionsschluss ist jeweils sechs Wochen vorher. Für Mitglieder der DGS ist der Bezug der Zeitschrift im Mitgliedsbeitrag enthalten. Beiträge in der SOZIOLOGIE werden über EBSCOhost Information Services sowie in den Bibliographien von De Gruyter: IBZ und IBR erfasst.

Campus Verlag GmbH, Kurfürstenstraße 49, D-60486 Frankfurt am Main, www.campus.de
Geschäftsführung: Marianne Rübelmann
Programmleitung: Dr. Judith Wilke-Primavesi
Anzeigenbetreuung: Claudia Klinger, Julius Beltz GmbH & Co. KG, Postfach 100154, D-69441 Weinheim, Tel.: 06201/6007-386, E-Mail: anzeigen@beltz.de
Fragen zum Abonnement und Einzelheftbestellungen: Beltz Medien-Service, Postfach 100565, D-69445 Weinheim, Tel.: 06201/6007-330, E-Mail: medienservice@beltz.de

Bezugsmöglichkeiten für Nichtmitglieder der DGS:
Jahresabonnement privat 78 €, Studierende / Emeriti 35 €
Jahresabonnement Bibliotheken / Institutionen 118 € print / 177 € digital (nach FTE-Staffel)
Alle Preise zuzüglich Versandkosten. Alle Preise und Versandkosten unterliegen der Preisbindung. Kündigungen des Abonnements müssen spätestens sechs Wochen vor Ablauf des Bezugszeitraums schriftlich mit Nennung der Kundennummer erfolgen.

© Campus Verlag GmbH, Frankfurt am Main 2024
Alle Rechte vorbehalten. Kein Teil dieser Zeitschrift darf ohne schriftliche Genehmigung des Verlages vervielfältigt oder verbreitet werden. Unter dieses Verbot fällt insbesondere die gewerbliche Vervielfältigung per Kopie, die Aufnahme in elektronische Datenbanken und die Vervielfältigung auf CD-Rom und allen anderen elektronischen Datenträgern.
Druck: Beltz Grafische Betriebe GmbH, Bad Langensalza
Beltz Grafische Betriebe GmbH ist ein klimaneutrales Unternehmen (ID 15985-2104-1001).
ISSN 0340-918X

Inhalt

Editorial 139

Identität und Interdisziplinarität

Renate Mayntz
Paradigm Shifts in Macrosociology 141

Bernhard Schäfers
Immanuel Kants Bedeutung für die Soziologie 162

Forschen, Lehren, Lernen

Constantin von Carnap, Marlene von Carnap, Johann Behrens
Externe und interne Evidence in einer theoriebewusst
»neuorientierten« soziologischen Methodenausbildung 172

DGS-Nachrichten

Stellungnahme zur geplanten Schließung des
Hamburger Instituts für Sozialforschung 193

Ausschreibung der beim 42. Kongress der DGS 2025
in Duisburg/Essen zu verleihenden Preise 195

Aus dem DGS-Vorstand 198

Veränderungen in der Mitgliedschaft 201

Berichte aus den Sektionen

Arbeitskreis *Soziales Gedächtnis, Erinnern und Vergessen* 203

Sektion *Biographieforschung* 206

Sektion *Familiensoziologie* 209

Sektionen *Kultursoziologie* und *Umwelt- und Nachhaltigkeitssoziologie* 212

Sektion *Religionssoziologie* 214

Sektion *Soziologiegeschichte* 217

Sektion *Umwelt- und Nachhaltigkeitssoziologie* 219

Nachrichten aus der Soziologie

In memoriam Franz-Xaver Kaufmann
Lutz Leisering 222

In memoriam Oskar Negt
Detlef Horster 227

In memoriam Friedhelm Neidhardt
Jürgen Gerhards 231

In memoriam Gert G. Wagner
Johann Behrens, Jürgen Schupp 236

In memoriam Helmut Willke
Dirk Baecker 243

Call for Papers 247
Democracy and Society Challenges – Risks and
Opportunities for Contemporary Democracies

Tagungen 251
Staat – Gesellschaft – Polykrise • Enacting
solidarity and citizenship across social fields and
scales • Fantastic Climates

Autorinnen und Autoren 259
Abstracts 262

Liebe Kolleginnen und Kollegen,

der Krieg ist die Fortsetzung der Politik mit anderen Mitteln. Dieses Diktum des preußischen Generalmajors Carl von Clausewitz aus seiner Schrift *Vom Kriege* ist bekannt. Schon weniger bekannt ist sein Hinweis, dass diese »anderen Mittel« dazu neigen, sich zu verselbständigen und die Politik zu absorbieren. Und nahezu vergessen ist seine »philosophische« Definition, dass der Krieg erst mit der Verteidigung entsteht. Denn die Verteidigung will den Kampf, während der Angreifer nur die Eroberung und danach den Frieden will. Diese Einschätzung bestätigt sich in der Ukraine wie in Israel. Russlands »militärische Spezialoperation« zielt auf nichts als die Unterwerfung; der Angriff der Hamas wollte nichts als den Terror, was immer man damit zu erreichen glaubt. Die Ukraine ebenso wie Israel haben zu ihrer Verteidigung den Kampf und damit den Krieg gewählt. Erst in zweiter Linie behauptet Russland, sich gegen den Westen und die NATO zu verteidigen, und behauptet die Hamas, sich gegen die Besatzung zu verteidigen. Im Effekt wollen alle den Krieg – und alle den Frieden, wenn auch jeweils zu ihren Bedingungen.

Den »Nebel« des Krieges, von dem Clausewitz schreibt, gibt es somit nicht nur auf dem Schlachtfeld, sondern auch in der Semantik, mit der Ausbruch und Verlauf des Krieges beschrieben werden.

Diese Semantik ist jedoch entscheidend, wenn es darum geht, die politische Kontrolle über die »anderen Mittel«, über die Waffen und den Tod, die Zerstörung und Vernichtung, zu behalten. René Girard behauptet in seinem Versuch, Clausewitz »zu Ende zu denken« (2007), dass von Clausewitz nicht den Mut gehabt hätte, seine wichtigste Entdeckung ernst zu nehmen: die im Krieg angelegte, von keiner Politik zu bremsende, sondern sie ganz im Gegenteil einvernehmende Steigerung der »explodierenden Kräfte« bis zum Äußersten. Doch es gibt bei von Clausewitz auch Anhaltspunkte für eine weniger unaufhaltsame Entwicklung. Der Krieg habe keine eigene Logik, schreibt er, sondern nur eine eigene Grammatik. Er bleibe damit ein Instrument der Politik. Der Krieg sei »ein Gebiet des gesellschaftlichen Lebens«, in dem drei Kräfte aufeinandertreffen, deren Auseinandersetzung seinen Verlauf bestimme: Volk, Heer und Regierung. Jede dieser drei Kräfte liefert einen Ansatzpunkt für eine soziologische Analyse – ganz zu schweigen von ihrem Zusammenspiel und den »Friktionen«, denen nicht nur das Heer auf dem Schlachtfeld unterliegt. Das »Volk« steht bei von Clausewitz für die Leidenschaft, darunter den Hass und die Feindschaft, mit der ein Krieg verfolgt wird. Das »Heer« steht für das »Spiel der Wahrscheinlichkeiten und des Zufalls«. Innerhalb dieses Spiels entfalten sich Strategie und Taktik, Mut und Talent der Feldherrn. Und die »Regierung« steht für die politischen Zwecke, die verfolgt werden, während die Soldaten auf dem Schlachtfeld sterben.

Mir scheint, dass sich an der »wunderlichen Dreifaltigkeit« von Leidenschaft, freiem Willen und bloßem Verstand nicht sehr viel geändert hat, auch wenn unsere Sprache nicht mehr die des 19. Jahrhunderts ist. Das Volk wird zum Gegenstand von massenmedial verstärkter Demagogie, das Heer zum Outlet der Waffenindustrie, worauf bereits Helmuth Plessner hingewiesen hat,[1] und die Regierung zum Spielball ihres Interesses am Selbsterhalt. Damit sind drei Ansatzpunkte definiert, die soziologisch beschrieben werden können. Welche Rolle spielt die Bevölkerung? Welche Interessen verfolgt die Industrie? Und welche Entscheidungen trifft die Regierung?

Es ist ebenso ernüchternd wie ermutigend, zu sehen, dass der Krieg gesellschaftlich eingebettet ist. Er ist keine Naturgewalt, geschweige denn ein Ausdruck des Bösen, sondern ein Vektor in einem Feld komplexer Kräfte. Wir werden darüber wieder häufiger diskutieren müssen. Und wir sollten uns darüber im Klaren sein, dass auch unsere Beschreibungen und Berichte eine Rolle spielen.

Mit herzlichen Grüßen
Dirk Baecker

---

1 Siehe Helmuth Plessner: Über das gegenwärtige Verhältnis zwischen Krieg und Frieden. In Ders., Macht und menschliche Natur. Gesammelte Schriften V, Frankfurt am Main: Suhrkamp, 1981, 235–257.

Am 28. April 2024 feiert Renate Mayntz ihren 95. Geburtstag. Die Redaktion der SOZIOLOGIE gratuliert ganz herzlich und freut sich, zu diesem Anlass einen aktuellen Beitrag der Jubilarin präsentieren zu können.

Paradigm Shifts in Macrosociology

Renate Mayntz

The choice of topics in social science research is a sounding board, reflecting changes in reality and also changes in perspective. This was the case in political science when a view implicitly dealing with a single nation widened to recognize its international embedding, and earlier when the emphasis on political steering by a given government widened to include the process of implementation and the reactions of a changing target population. This particular widening of the perspective was captured in the notion of governance, where governance meant a process of social regulation involving both public and private actors. Empirically based social science research is generally tied to the present. In this paper I look with a wider time perspective at changes in macrosociological paradigms. At the core of my argument is the concept of social differentiation. Macrosociology deals implicitly with processes within bounded social systems and hence primarily with nations, while political science can explicitly focus on international relations. The Ukrainian crisis of early 2022 is an event that touches a bridging problematic in the relation between national and international relations.

»Society« is a very abstract term. Niklas Luhmann applied it to social configurations at different social and geographical levels, including »the world« (Weltgesellschaft). More commonly, »societies« are seen as bounded social macro units at the level of nations, often formally organized by some kind of central authority. In the historical process of social development perceived in modern social science, bounded and spatially defined social macro units have evolved from a segmentary over a stratified to a functionally differentiated system, the latter elaborated in slightly different forms by Talcott Parsons and Niklas Luhmann. In this historical process, the segmentary society was based on families and clans as units, while the stratified society came in two forms, as the feudal society in which agricultural laborers worked for feudal lords, and as the class society described by Karl Marx. The stratified society has in turn been replaced by a society in which an institutionalized division of labor between functional subsystems makes for superior efficiency. Schools, productive firms, and political institutions fulfill separate social functions and serve as life-worlds for their members, irrespective of their status. The functional subsystems are not hierarchically related, though there is vertical differentiation within each of them.

The image of a functionally differentiated modern society, first proposed by Parsons in 1951 in »The Social System« and developed by Luhmann in the 1970s and 1980s (Luhmann 1984), alludes to the nexus between a social science perspective and the historical postwar situation in which both authors write – a connection between reality and theory already obvious in the case of Marx and his view of class society. Implicitly, postwar countries in central Europe and North America were supposed to have reached the last stage of historical development. Though in principle the integration of a society consisting of functionally diversified subsystems could be seen as a variable, stretching from a negative to a positive pole, a positive vision of the functionally differentiated society has until recently dominated in the Western world: A productive economy collaborates with an innovative science system, and a democratic polity controls the behavior of society's members. As I shall argue, this typically postwar image of the social process as a »success story« neglects two sources of social change: change in the structure of modern societies, and change in the transnational context in which they are embedded.

The image of an apparently positive development of societies is the result of a selective perspective. It deals implicitly with the Western world of developed and democratic societies and assumes, as in the case of the USA, a population without racial divisions. This particular selectivity has been pointed out by Gurminder Bhambra and John Holmwood (2021), who emphasize that a famous list of »Western« authors developed a historically limited Western view of society, neglecting ethnic (or racial) divisions. This holds particularly for the United States, where African American authors recently criticized the work of their (better known) white colleagues for neglecting the still acute racial and ethnic differences in the population (Rogers, Turner 2021). Modern Western macrosociology is shaped by a limited perspective on social reality, a fact also recognized by Tanja Börzel and Thomas Risse (2021). These authors maintain that the image of a Western, functionally differentiated modern society has served as the generally tacit background picture for most recent social science research. As the authors show, countries in Africa and Asia have realized other forms of social structure, at lower and partial levels of the social integration that is often attributed to a recognized Western nation. The image of social differentiation resulting in an effectively functioning modern society appears as a social science reflection of the hopes connected with the peace following WWII.

The regionally limited perspective of Western observers recently became evident when, in the late summer of 2021, public interest turned to the crisis of Afghanistan. For twenty years, Afghanistan failed to become what its imported model of Western development meant. But the view of a functionally differentiated modern society is not only geographically limited; it also neglects significant traits of the present Western societies. The generalizing ambition of a sociological view of »society« has hidden the fact that the applicability of a social theory dealing with functionally integrated national societies is limited – not only in space by dealing solely with the Western world but also in time by neglecting recent changes in »modern« societies. These limits can be seen if we focus on major changes in dominant macrosociological paradigms.

The changes in macrosociological paradigms reflect underlying structural changes and are partly related to changes in the technologies humans use. The famous »Cold War« period of tensions between a fully armed Soviet Union and a fully armed West led to a relatively peaceful time. In the late 1970s/early 1980s, the dominating theoretical image of a functionally differentiated society reached a new point in the concept of complexity; the complexity of a highly developed functional differentiation became the code word of analysis. Ariane Leendertz (2016) has studied this change of perspective as it happened in the USA in the 1980s, when complexity displaced planning theory that no longer served to solve social problems. The discussion of complexity that unfolded after the 1980s went back to earlier publications by Herbert Simon (1962) and Friedrich A. von Hayek (1972). Complexity is a property of systems characterized by a large number of units at different social scales, connected by a large number of overlapping interactions, including feedback processes and other kinds of nonlinear relations. The notion of complexity, often dealt with in abstract mathematical terms, has since the 1970s been introduced into empirically based sociological analyses. A famous example is the work of Todd La Porte (1975), who speaks of *organized social complexity*, with organizations playing a crucial part in his analysis. Complexity refers to an image of pronounced functional differentiation, but as Leendertz points out, there is no detailed complexity theory in the social sciences: »We lack understanding in the sense that we cannot combine the parts [...] in ways which will make the complex wholes intelligible« (Leendertz 2016: 121; quoting Langdon Winner).

The change of a scientifically reflected social perspective from a positive image of functional differentiation to complexity that occurred in the USA in the 1970s and 1980s happened in a similar way in (Western) Europe. At that time, an optimistic postwar development program gave way to a more realistic image of modern society. Complexity became a generally recognized trait of modern European societies. Structural complexity meant the lack of a clear pattern. This can produce a subjective feeling of insecurity. Telltale signs are publications such as Jürgen Habermas' book »Die neue Unübersichtlichkeit« (1985), with its focus on insecurity. Ulrich Beck's »Risikogesellschaft« (1986) similarly pointed to structural reasons for the risks emerging from a complex modern society. Functional differentiation turned into complexity raises problems that call for concerted coordination efforts. This has also been shown in the research program of the Max Planck Institute for the Study of Societies, founded in 1985. Based on a view of a complex social structure, the empirical studies dealt with interactive processes in contested policy fields such as health and with technological innovation in situations where actors follow diverging interests.

Structural complexity not only raised challenges requiring coordination efforts but led to the development of theoretical alternatives to the view of the functionally differentiated, complex society. One such effort was discussed by Veronika Tacke (2009), who compares the familiar perspective on functionally differentiated social systems with networking as an alternative view. Network studies are well represented in the work of Harrison White, whose publications range from 1963 to 2008 (White 2008). In Germany there exists a network research organization (Deutsche Gesellschaft für Netzwerkforschung) that staged a major congress in 2022. The network concept has mainly been applied to individuals or families and to organizations; examples are the work by Fritz Scharpf (1993) and Patrick Kenis and Volker Schneider (2021), but the concept has also been used to characterize the basic configuration of a society. Examples would be the work of Manuel Castells (2009), François Dépelteau and Christopher Powell (2013), and Alexander Friedrich (2016). Occasionally, the network concept has been used to characterize the modern state, called »Netzwerkstaat« – a state using a fragmented system of political parties that responds to formal and informal social groups in a society (Vesting 2018: 169). Networks can be based on units from the local, the national, and the international level where legally recognized nations are the actors; they can deal with relations that are real (as in exchange or control) or ideal, relations that can be voluntary or enforced, cooperative or competitive, and with units related by a common objective. As Peter Csermely (2009) insists, links between units can be weak or strong, a property of great importance for network stability. Units related in different networks can join in a large network, as shown in the graphic descriptions used by Lothar Krempel (2005). The cognitive interest of most network research deals with individuals, small groups, and organizations, but the network concept can in principle deal with a complex society in which different types of social units are combined.

Networks are basically actor structures: They emphasize relations between actors. The structure of a social subsystem like the economy, defined by its function, can be translated into positions and actors, linking the systems and actor perspectives. But there remains a difference between the emphasis on the nature of an action, e.g., actors competing with each other, and its structural effect, e.g., a competitive system structure. Tacke (2009) argues that networks as well as social systems are parts of social reality, if looked at from different cognitive perspectives. But this difference is crucial. It is implied when Rudolf Stichweh (2014: 15) reminds us that differentiation does not mean decomposition. With this phrase, Stichweh notes the coordination bias inherent in systems theory. Its counterpart, decomposition, refers to a cognitive perspective that emphasizes relations rather than functions. The shift from systems to networks involves the choice of a cognitive perspective that makes it possible to recognize an important historical change in social structure.

The network concept emphasizes relations between actors, but there are different kinds of social actors. This has been pointed out in the models following James Coleman (1986). Coleman did not think in terms of functional subsystems, but distinguishes between social micro and macro actors in social systems. In so doing, he contested methodological individualism, a perspective focusing on individual action that viewed social structures and relations simply as aggregations of individual action. Coleman's frequently quoted model insisted instead on a two-level image of societies. Its major point is its emphasis on causal relations between the action of individuals and actions of larger social units. This distinction can easily be combined with a network perspective. At the micro level, motivated individuals act and interact, collectively causing the properties of a societal macro-level unit. Macro units can be social institutions or formal organizations; they produce collective actions that are attributed to the macro units and can influence the behavior of micro units. The term *action* is a social science abstraction that does not refer to psychological and sociopsychological approaches solidly based in brain processes, but to observable effects of human doing at the social micro and macro scales. In distinction from methodological individualism, the concept of actor does not necessarily refer to individuals, but can refer to specialized organizations or a legally recognized nation-state, regarding both as collective actors producing collective effects. The distinction between social micro and macro units, combined with the network emphasis on relations, shows how macro properties impinge upon the behavior of micro units or the other way around. In a linear multi-step analysis, the top-down and bottom-up processes appear connected over time.

An image of societies emphasizing relations between micro and macro actors is not simply an abstract choice of analytical categories – it reflects properties of developed modern societies. Their crucial point is the coterminus existence at a given point in time of a *plurality* of causally related but independently acting social micro and macro actors. An image of society composed of a plurality of micro and macro actors contrasts both with a stratified and with a hierarchical image of the social whole. The methodological choice of starting with actors sets my approach against the Parsonian and Luhmannian image of a functionally structured society. In this society, each subsystem is defined by its major function, though it may incorporate other functional elements; a productive economy may for instance incorporate political elements. But functional subsystems are not internally divided into individual actors and organized groups. In contrast, I consider individuals as well as organizations as social actors that produce outputs, acting in situations offering choice and constraints. This draws attention to a crucial property of concrete societies, i.e., the flexible relation between individuals and organizations. Changing the perspective from functional differentiation to an actor approach shifts attention to the factors that shape individual and organizational behavior.

In the process of social development, the emergence of bounded social units organized to follow a specific goal has been a crucial event. In the primitive society, families may form clans, but clans differ from organizations; organizations that follow specific goals emerge only if the basic structure of a clan society, where families are the major social units, is changing. Both the emergence of organizations as specifically goal-directed social units and their change over time have occurred in a long historical process, not well reflected in social theory. In a stratified society that follows the primitive stage, individuals are fatefully tied to a given socioeconomic class, and to private or public organizations such as a guild, a trade, or a legitimate political ruler. These medieval organizations differ in their properties from present-day firms, political parties, and organizations like the International Labour Organization. In modern organizations, the linkage between organization and individuals is loosened – the organizational membership of an individual is contingent, not fateful. The behavior of individual organization members is only partly determined by the directive bonds of the organization to which they belong. The historical change in organization membership has not been a topic in the theory of functional differentiation. As the stratified society develops into modern forms of social differentiation, important changes happen both at the level of individuals and of organizations – changes that become visible if we focus on social actors rather than functional subsystems. The concept of a societal function does not take account of the distinction between individuals and organizations, and it fails to give a structural image of the social whole. If we look at modern society from the perspective of social action, a new dynamic becomes visible as the characteristics of a population, an aggregate of individual actors, and of private or public organizations change.

Populations are analytical collectives of individuals, where each individual reacts to their own perceived situation. Since these individually perceived situations vary, a great diversity of concrete actions may follow. In contrast, the goals of organizations appear specific – organizational procedures are oriented to one specific task. Organizational goals can be classified as public or private, a classification that varies between countries and changes over time. The productive goals of economic organizations have changed with globalization by becoming *economically* specific: Globalization has loosened the ties between the national context and organizations. Changes in technology have played a major role in this process, increasing the perceived risk potential of action as analyzed by Patrick Lagadec (1979) and by Lars Clausen and Wolf Dombrowsky (1983).

The actions of individuals in a population and of organizations are shaped by different kinds of rules and internalized practices, formulated at social scales ranging from the family to governments and international committees. Societal rule systems have become as differentiated as the underlying social structures, and produce, unwillingly or intentionally in the case of crime and war, both conflicts and lacunae. The cognitive differentiation between populations as aggregates of individuals and organizations as goal-oriented bounded social units focuses on the linkage between them. Individuals can be organization members and contribute to the organization's output, but the same individuals can also act as a public in contact with other organizations – for instance as clients of a tax office, passengers on public transport, or shoppers at a department store. Individuals can finally act in spontaneous masses, assembling at New Years at the center of a city or responding to a call and forming a demonstration. Over time, individuals can establish organizations, and an organization can be dissolved. Organization founders have established economic organizations, missionaries have founded religious organizations, and Adolf Hitler stimulated the foundation of the NSDAP. Populations, organizations, and the historical process linking them are the subject of different parts of the social sciences. Societies are composed at every moment in time of both, a population and existing organizations. In the recent past, important changes have taken place in the properties of populations and of organizations, changes which characterize their interaction, and hence the present social situation.

The output of an organization may be a specific kind of decision (e.g., by a court) or a product for use by individuals (e.g., clothing) or by other organizations (e.g., printing machines). Given this diversity of goals, the concept of organization may appear too narrow to cover all forms of multi-person units built to pursue a specific goal. Our social science language offers only descriptive terms for administrative, political, economic, and other kinds of organizations, but not a term covering all kinds of bounded goal-oriented social units. In this paper I have chosen to speak of organizations rather than »institutions« as a terminological alternative; »organization« refers to bounded *social units*, while in my (not necessarily shared) understanding »institution« refers to *rules* structuring social processes, whether they refer to individuals or groups.

An action perspective on the social process dealing with organizations and populations could be enlarged by including the actions of powerful individuals; this touches the contested boundary between history and the social sciences. In the social sciences, the focus lies on populations and organizations rather than individual leaders. Sociologically speaking, organizations are bounded social units consisting of a structured membership and producing measurable outputs. The crucial theoretical issue is the interaction of populations and of public and private organizations with their specific goals. The form of this interaction has changed historically, and it characterizes the social dynamic of the present.

Important historical changes in linking the actions of populations, of productive organizations, and of political control have occurred over the centuries. As Daniel Drezner (2020) has argued, scholars are in fact rarely explicit about the social scale and the temporal scope of their key causal processes. There are even authors, like the historian Francis Fukuyama in his book »The End of History« (1992), who argue that we are currently experiencing the last phase in a process that stretches across centuries. But there have obviously been changes that took less than a century to evolve. Change processes are uneven. Since the end of WWII, stepwise changes have happened in the actions of populations and of public and private organizations. In formally democratic societies a feeling of human mastery and a positive image of social development emerged. German unification and the dissolution of the Soviet bloc appeared to open the road toward international collaboration and economic globalization.

But this positive interpretation of the historical Zeitgeist has meanwhile ended. From the late 1970s and the early 1980s, in an apparent period of peace in the Western world, the characteristics of populations and of organizations evolved into a new form of social instability. It did not take the Ukrainian crisis to turn an earlier perception of development into the presently dominating sense of insecurity; it has already been the financial crisis of 2008/2009 that appears as a turning point (Mayntz 2012; 2015). This crisis ended a period of a conflictive but productive form of social differentiation. The financial crisis has not been the only postwar crisis in the Western world, but the oil crisis, for instance, did not put an end to the overwhelmingly positive public perspective on global social development. With the financial crisis, the accepted wrestling match between diverging interests turned into a non-cooperative game. Since 2008 we have witnessed a global shift from cooperation toward dissociation, a process that started at the national and international levels even before the Ukrainian crisis erupted. The resulting image of social instability is linked to major changes in the characteristics of populations and of organizations, to which I now turn.

I begin with individuals as private actors. Modern individuals do not identify with a social class; they identify with their specific job or profession, with their family, a specific firm, and possibly a political party. While a segmentary and a stratified society projected a clear social pattern to its members, in modern society individual identity is tied to a multiplicity of factors, and these factors are subject to permanent social and technological change. The status of the individual is objectively insecure; personal freedom of choice is the consequence of this social insecurity. There is today a greater freedom of choice in communication, residence, private travel, and occupation, but this happens on the background of a general dependence of individuals on the strategic actions of political and other organizations. The present situation is characterized by the *combination* of binding and loosening ties on individuals.

Looking back in history, the job profile of populations has changed in parallel with technological innovation, affecting first the work of farmers and subsequently work in factories, turning manual labor into the operation of machines. Changes in the occupational profile led to residential concentration in cities. Agricultural and subsequently industrial labor no longer produced visible and self-conscious population groups. The drift away first from agriculture and then from factory work led to a new kind of »middle class«. The present validity of this concept has recently been discussed in an interchange between Nils Kumkar and Uwe Schimank (2021). The apparent »de-industrialization« of the population has been correctly noted as a fiction by Timur Ergen (2019): Though the number of workers in industrial labor declined, their output remained. Massive third sector employment, urbanization, and increased mobility in jobs, residence, and tourism have changed interpersonal relations. The code word for today's interpersonal relations is individuation.

Individuation, the emancipation of the individual from social bonds, is frequently discussed in the media. As a TV interviewer formulated it on April 1, 2022, »Heute sind die Leute alle Individuen« – today all people are individuals. This tendency conflicts both with the former binding power of social classes and of religion. In a highly developed country like Germany, we find personal status differentiation but no self-conscious social classes that are the basis of a class organization, while the social bonding power of religion disappears where people belong formally to one of several religious cults or to none. In the immigrant culture in large cities, social clans and their tenuous relation to official legality survive but are recognized as an exception. For the majority of the population, individuation and hence changes in the work structure and in private relations are characteristic elements of private life. These changes are directly tied to technological development that affects the working environment, offers communication links, and enlarges the accessible range of information. The recent advent and spread of digital platforms that play an increasing role for individual behavior are a sign of this process (Dolata, Schrape 2022). On streets and on public transport, individuals listen and talk to their devices, immersed in a tight network of distant social interaction with family and friends. Mobile signals lead to unexpected congregations of a public that pose a new threat to the so-called forces of order.

Public media and digital communication address individuals, rather than members of a social group. The recent change in technically mediated linkage has happened roughly since about 2010 and was connected to the use of the internet. It is not only the role of the »influencer« in the media but the increasing network linkage between individuals and between individuals and organizations that characterize the structure of relations in present populations. As discussed by Steffen Mau (2017) and Armin Nassehi (2019), digital communication through a computer or mobile device reflects both communication and the cherished individual »freedom«. This change is reflected in the title of a popular book by Andreas Reckwitz (2017): »Die Gesellschaft der Singularitäten«, the society of singularities; »singularities« is a mathematical term and can be used to refer to a population of isolated and highly mobile individuals. Individuation challenges a personal identity based on membership in a coherent social group, whether it is an ethnic community, a clan, or a religion. But at the same time, digitalization has become a new way of linking social units.

An example that confirms this analysis is the study by Edgar Grande (2018) that deals with modern social movements. There have been social movements with a protesting population for centuries, but today the apparently spontaneous demonstrations are the result of technical communication between accessible individuals. For a growing part of the population, media and the smartphone generate a growing part of the increasing volume of daily information, both personal and impersonal. Confronted by selectively formulated perspectives, concrete persons join abstract groups on the basis of an apparently shared world view. Social participation on the basis of accessible information, i.e., by membership in a technically based IT world, leads to demonstrations and weakens the traditional political representation by membership in – or voting for – political parties. The media-triggered formation of demonstrations stimulates actions for a momentarily shared individual conviction. This also holds for so-called populism, an attitude that can become the basis of collective action. As Harold James has recently put it, populism has become »a term that has almost lost nearly all definitional claims« (James 2021: 185). Populism includes the American attack on the Congress building in 2021 as well as demonstrations initiated or simply used by the German political party Alternative für Deutschland (AfD). The members and voters of the AfD do not represent a specific socioeconomic class; the same holds for demonstrations in which a relatively young and socioeconomically diverse target group reacts to digital media stimuli. As happened in the beginning of the Ukrainian crisis in 2022, a widely spread outcry of a skillful political leader caused a massive popular reaction that influenced the political process in its early phase.

Individuation even extends to spatial mobility. Growing figures for tourism and migration show an important change in the behavior of populations that have become cognitively, socially, and spatially flexible. The population moving around in peaceful tourism and as migrants and refugees has become one of the prime characteristics of change at the population level. For an increasingly urban population, digital media also play a growing role in advertising and hence in market transactions that move away from direct producer/consumer contact. The classical market where buyers and sellers interact personally has increasingly given way to home delivery and shopping in local units of large enterprises, where contact with the sales personnel is often limited to payment at the end of a shopping trip. This relationship is typical of the modern linkage between individuals and organizations. The urban citizen, having left their household, lives as part of a public that comes into contact with a large number of organizations – whether by working in a firm, commuting on public transport, or shopping in a store. This image of normal urban life emphasizes the distinction between populations and organizations, but at the same time their new form of linkage. The individual is in fact »free« – to join on short notice a demonstration or to become a member of a political party. The population has become flexible, and its movements are threatening for a central political control. The flexibility of a population contrasts with the specificity of organizations. The modern image of a goal-specific organization reflects a historical development. The medieval church used to fulfill political and educational purposes aside from its religious meaning, and medieval trades also included artistic goals and created rules about heritage and about household management. Over time, organizations diversified, and they became more specific in their goals. Economic firms, focused on a narrowly defined output, are a modern invention. Today, organizations form a conflictive bundle of actors that create positive and negative consequences for other organizations.

Organizations with highly different goals grow from populations in steps. The political party Die Grünen emerged from a loose coupling of environmentalists and is now part of the German government. The party is a characteristic example of changing from a movement to an organization. The same mechanism of organization formation can be observed in the economy, where founders with specialized goals establish small firms, firms that may finally grow into international enterprises. There are, however, organizations with »system goals«. Governments (as well as households!) normally follow system goals, i.e., a bundle of multiple specific goals on which the survival of a social unit depends. Governments follow system goals by definition; ministries pursue specific goals like health or public education but must take conflicting goals of other ministries into account. Most units in the world of organizations are, however, fixed on their specific goals – selling cars, solving legal conflicts, paying pensions, etc. We can never view the whole »world of organizations« in detail; we can distinguish between public and private, controlling and productive, and national and international organizations, and we can select cases for social science analysis.

The structure of political institutions in a country like Germany was stable since 1990, and in public administration only small technically induced procedural changes took place. There have been changes in public health organizations and schools, but the most significant change with effects on the global dynamic has happened in the productive economy. Economic productivity is a focal political concern; the impact of politics on the economy is a crucial issue in social dynamics. It is difficult to perceive the economy, consisting of national and globalized firms and divided into many substantive sectors ranging from household goods to machines to electricity, as a structured historical unit. Most empirical social science research deals with specific cases, with firms or a small subset of firms at a given spatial level. In contrast to empirical studies dealing with concrete firms, political economy and the school of so-called growth models have amassed a wealth of detailed data dealing with developed economies at large (Baccaro, Blyth, Pontusson 2022). Based on OECD input-output tables and using a new form of demand contributions, a complex statistic is developed to compare the economies of countries (Baccaro, Hadziabdic 2022). These summarizing data permit a global impression of national economies, but they do not let us describe in detail the differentiated network structure of the organizations making up a given economy. In this organizational network, collaborative and conflictive relations make for a complex dynamic that can only be analyzed in narrowly circumscribed parts.

Globalization is the major structural change in the present Western economy. The transnational expansion of the firm structure went together with a transnational diversification of input and output processes. Global change processes have impeded co-operative relations between firms and between firms and governments. National governments prefer tax-paying firms to reside in their own territory, but the profit interest of organizational owners and shareholders led to the international extension of the units of large firms. The acquisition of inputs and the sale of products follow an economic rationale. This cost-saving policy changed the economy into a multidimensional network structure. Globalization increased in the period after 1990 and has changed the relation between national economic politics and the economy. A case in point are the so-called Silicon Valley firms that expanded internationally and became independent from the American government. In the period of peace, an internationalized economy existed side by side with national politics. With increasing international tensions, the relation between a profit-oriented and internationalized economic network and national political interest becomes critical; the Ukrainian crisis has expressed this fact.

Economic globalization is reflected not only in the firm structure but also in the global transport system. As some transnationally stretched firms use parts coming from a long list of countries, marine transport assumes a new importance. This visible sign of economic globalization was observed by Khalili (2020) in the Hamburg harbor (and on one occasion also by myself): Ships have become bigger, are more closely packed, and operate without visible crews. Hamburg harbor is seventeenth in a list of freight harbors, most of the others are Chinese. Given a changing political context, the spatially distributed processes of production come into conflict with political strategies. This is not only a current problem; in history the relation between Britain and India shows that the relationship between economic markets and national politics has often been strained. In the early period of political West-East polarization after WWII, the international structure of markets reflected this strain. This structure changed in a period of peace after 1990 – the period in which neoliberal beliefs dominated.

National taxation – fiscal political control – has become a well-known problem following economic globalization; the nationally based tax system finds it difficult to adapt to globalization. With the Ukrainian crisis, the structure of international infrastructure markets like oil or energy suffered an unexpected change. The globalization of economic production has turned the relationship between national politics and economic organizations into a politically dangerous tipping-point; this is the structural basis of the political problems that increasing economic globalization has produced. Only in internationally peaceful times can a profit motive neutral to political preferences become the driving force of organizational action. The tension between the national polity (power) and the international economy (profit) is a structural conflict that replaces the old class conflict between factory owners and workers. In highly developed societies, the relationship between economic organizations and the state has come to be of singular importance for their dynamic. The unbridled division of economic labor that started as a source of general welfare suddenly became a threat. In 2022, this has been a major reason for the present sense of instability.

The economy has generally been of interest in social science analysis, while the banking industry attracted attention especially after 2007/2008. Internationalization together with technological innovation have changed the classical banking industry. The modernization of the banking industry started in 1950, gained force with a change in international regulation and the end of the Cold War, and survived a crisis in 2008/2009. The main external forces of change in the financial industry have been the liberalization of the monetary system, the introduction of a European currency, and technological change in banking practices. The banking industry became transnational in its reach, and finance based on modern technology became an independent force that influences global economic and political processes. In social theory, the unequal distribution of privately held money played a major role in the analysis of stratification. It was only after 1990 that the banking industry itself attracted social science attention; Kindleberger and

Aliber (2005) are an example of a vastly increasing literature. The financial crisis of 2008 promoted this literature. The role of organized finance has become a major political factor to which national politics reacts. Analyses in the public press suggest that financial processes are a major external force, difficult to understand even for experts. The relation between banks and the population of normal bank clients is correspondingly one-sided. It has been well expressed in a book dealing with the individual uncertainty of living in a financialized world: »Our growing dependence on complex machines and opaque algorithms doesn't make the world more legible or its impending crises more predictable.« (Komporozos-Athanasiou 2022: 64) With the exception of a small group of skilled experts, non-expert individuals observe interest rates and in opening and closing investments contribute to the dynamic of a fiscal process they do not fully understand, hoping for positive individual effects but sometimes disappointed by disastrous consequences. This is exactly what happened in 2008, when housing investments in the USA triggered the massive international financial crisis (Mayntz 2012; 2015).

The same pattern that links banks and the population is true for the economy, where the individual as a customer, following their own private goals, deals with a profit-oriented company offering its wares. If you look upon reality from an action perspective, dealing with a population of individuals on the one hand and formal organizations on the other, the relation between population and organization shows a rift between them that grows with the degree of organization in a society. As said before, the individual in a population is increasingly free to enter or leave an organization; the increasing organization of economic, medical, media, and political life has therefore loosened the relation between the individuals in a population and organizations.

Social science interest in organizations has differed sharply between substantive fields; only small research fields deal with hospitals, schools, and leisure time organizations. The same holds for the military: While the economy has been of interest to all social scientists, the military has mainly attracted the interest of political scientists. Until recently, the national military remained a relatively stable and inobtrusive institution in Western states. This situation ended with the Ukrainian crisis. Germany is the country where this change has been most pronounced. The official military is generally characterized as a public body of legally drafted or freely joining individuals; irregular soldiers exist in militias – they have been observed in French Africa and have recently reappeared in the Ukrainian war. The national role of the military varies fundamentally when international relations change from peace to open or disguised war. Wars destroy the »normal« social fabric. In peacetime, the military appears as a secluded social world, but in conflicts its destructive effects disrupt the pattern of »normal life« and hence the peacetime structure of organizations. This must have effects on sociological research that normally deals with issues or events in a time of peace, leaving international political events and their social consequences to political science.

Recent changes in a flexible population and shifts in the world of organizations appear to have caused a widespread feeling of societal instability and perceived insecurity. This feeling is not simply a reaction to the Russian invasion of Ukraine, it is a reaction to changes in the macro structure of modern Western societies that have happened over several decades. The ties between organizations and the population have loosened as both appear to strive in different directions. Recent changes in the economy (globalization) and the banking industry (internationalization) have added to the already problematic relationship between narrowly goal-oriented organizations and a flexible population. There has always been interdependence between organizations and the behavior of populations, but a combination of long-term and recent changes has led to a societal situation that is recognized as critical. This is well expressed in the title of a podium discussion at the WZB Berlin Social Science Center that speaks of the »end of certainties« (Das Ende der Gewissheiten) and asks what role science can now play (WZB podium discussion on November 30, 2022). The widely distributed impression of a crisis refers to a new break in Western societies that we believed to have reached a state of stasis. Populations and organizations behave as independent actors, though they are causally tied. There is a general feeling of a loss of control, the control of individuals over their life as well as political control over social dynamics.

The root cause of the present crisis are changes in the properties and the interdependence of populations and organizations. Individualized populations have become highly mobile, which leads not only to demonstrations and politically condoned deviant behavior but also to flows of migrants. An individualized population does not produce the public loyalty on which a democratic system in a policy guided by political parties depends, but favors political absenteeism or sudden action in strikes and demonstrations. There have been related changes in the world of organizations. After 1990, their narrow goal-orientation has caused and is increased by globalization. The economy became a globally extended but substantively increasingly diversified system of egocentric actors. In the national context, the economy is a dominant sector on whose taxes public welfare depends. The dependence of a political regime on a productive economy has reached a critical level. At the same time, globalization has affected the banking industry that shapes social processes both within and across countries. These developments add up to a historical change from an age of controlled complexity to problems of negative coordination, a trajectory reflected in the titles of two publications by Fritz Scharpf that speak in 1972 of complexity and in 1993 of negative coordination (Scharpf 1972; 1993). At the macro scale the world has become unpredictable, as a group of international researchers conclude (Fomin et al. 2021). But this is not, as Niklas Luhmann claims, the »negative consequence of functional differentiation« (1984: 516). It is the effect of the changing nature and the causal linkage between the present actions of populations and organizations.

As social scientists we can pick a specific event or a specific structural change in society and look for its causes. This kind of analysis does not cognitively add up to a detailed picture of the structure and dynamics of the present global social system. There is in fact something special about uncertainty in the social world (Katzenstein 2022). Physical uncertainty goes down to the subatomic level; in the present social world we deal with a new historical kind of highly interdependent egocentric organizations and individuals that react continuously to a broad range of external and quickly changing influences. A great diversity of consequences can follow from apparently minor changes in the conditions shaping the behavior of individuals and organizations. The Ukrainian war has visibly underlined this condition. In the social world, the causal ties connecting the behavior of organizations and populations have loosened over time: it is not only in the economy that a fear of an uncertain future has displaced the earlier spirit of development (Beckert, Bronk 2018); it is the intricate web of the nested actions of populations and economic and political organizations that has led us to an era of insecurity. Some years back I doubted if the observable feeling of insecurity was objectively founded, or simply a subjective reflex (Mayntz 2019); in this paper I take it to be objectively founded. Even if social research is methodologically constrained to focus on level-specific events, attention to the contributing effect of the historical macro context will help us to identify the contemporary relevance of our findings.

References

Baccaro, Lucio / Blyth, Mark / Pontusson, Jonas (eds.) 2022: Diminishing Returns: The New Politics of Growth and Stagnation. New York: Oxford University Press.

Baccaro, Lucio / Hadziabdic, Sinisa 2022: Operationalizing Growth Models. MPIfG Discussion Paper 22/6. Köln: Max-Planck-Institut für Gesellschaftsforschung.

Beck, Ulrich 1986: Risikogesellschaft: Auf dem Weg in eine andere Moderne. Frankfurt am Main: Suhrkamp.

Beckert, Jens/ Bronk, Richard (eds.) 2018: Uncertain Futures: Imaginaries, Narratives, and Calculation in the Economy. Oxford: Oxford University Press.

Bhambra, Gurminder K. / Holmwood, John 2021: Colonialism and Modern Social Theory. Cambridge: Polity.

Börzel, Tanja A. / Risse, Thomas 2021: Effective Governance under Anarchy: Institutions, Legitimacy, and Social Trust in Areas of Limited Statehood. Cambridge: Cambridge University Press.

Castells, Manuel 2009: The Rise of the Network Society. Malden, MA: Wiley-Blackwell.

Clausen, Lars / Dombrowsky, Wolf R. 1983: Einführung in die Soziologie der Katastrophen. Bonn: Osang.

Coleman, James S. 1986: Social Theory, Social Research, and a Theory of Action. American Journal of Sociology, vol. 91, no. 6, 1309–1335.

Csermely, Peter 2009: Weak Links: The Universal Key to the Stability of Networks and Complex Systems. Berlin: Springer.

Dépelteau, François / Powell, Christopher (eds.) 2013: Applying Relational Sociology: Relations, Networks, and Society. New York: Palgrave Macmillan.

Dolata, Ulrich / Schrape, Jan-Felix 2022: Internet, Big Data und digitale Plattformen: Politische Ökonomie – Kommunikation – Regulierung. Eine kurze Einführung in das Sonderheft. Kölner Zeitschrift für Soziologie und Sozialpsychologie, 74. Jg., Sonderheft 1, 1–9. doi: 10.1007/s11577-022-00843-6.

Drezner, Daniel 2021: Power and International Relations: A Temporal View. European Journal of International Relations, vol. 27, no. 1, 29–52.

Ergen, Timur 2019: Wirtschaftliche Untergangsszenarien und neoliberale Reformen. Leviathan, 47. Jg., Heft 2, 144–168.

Fomin, Ivan et al. 2021: International Studies in an Unpredictable World: Still Avoiding the Difficult Problems? European Journal of International Relations, vol. 27, no. 1, 3–28.

Friedrich, Alexander 2016: Vernetzung als Modell gesellschaftlichen Wandels: Zur Begriffsgeschichte einer historischen Problemkonstellation. In Ariane Leendertz / Wencke Meteling (Hg.), Die neue Wirklichkeit: Semantische Neuvermessungen und Politik seit den 1970er-Jahren. Frankfurt am Main: Campus, 35–62.

Fukuyama, Francis 1992: The End of History and the Last Man. London: Penguin Books.

Grande, Edgar 2018: Zivilgesellschaft, politischer Konflikt und soziale Bewegungen. Forschungsjournal Soziale Bewegungen, 31. Jg., Heft 1/2, 52–60.

Habermas, Jürgen 1985: Die neue Unübersichtlichkeit. Frankfurt am Main: Suhrkamp.

James, Harold 2021: The War of Words: A Glossary of Globalization. New Haven: Yale University Press.

Katzenstein, Peter J. 2022: Uncertainty and Its Discontents: Worldviews in World Politics. Cambridge: Cambridge University Press.

Kenis, Patrick / Schneider, Volker (eds.) 2021: Organisation und Netzwerk: Governance in Wirtschaft und Politik. 2. Auflage. Frankfurt am Main: Campus.

Khalili, Laleh 2020: Sinews of War and Trade: Shipping and Capitalism in the Arabian Peninsula. London: Verso.

Kindleberger, Charles P. / Aliber, Robert Z. 2005: Manias, Panics and Crashes: A History of Financial Crises. 5th edition. London: Palgrave Macmillan.

Komporozos-Athanasiou, Aris 2022: Speculative Communities: Living with Uncertainty in a Financialized World. Chicago: University of Chicago Press.

Krempel, Lothar 2005: Visualisierung komplexer Strukturen: Grundlagen der Darstellung mehrdimensionaler Netzwerke. Frankfurt am Main: Campus.

Kumkar, Nils C. / Schimank, Uwe 2021: Drei-Klassen-Gesellschaft? Bruch? Konfrontation? Eine Auseinandersetzung mit Andreas Reckwitz' Diagnose der »Spätmoderne«. Leviathan, 49. Jg., Heft 1, 7–32.

La Porte, Todd R. (ed.) 1975: Organized Social Complexity: Challenge to Politics and Policy. Princeton: Princeton University Press.

Lagadec, Patrick 1979: Le défi du risque technologique majeur. Futuribles, no. 28, 11–34.

Leendertz, Ariane 2016: Das Komplexitätssyndrom: Gesellschaftliche »Komplexität« als intellektuelle und politische Herausforderung. In Ariane Leendertz / Wencke Meteling (Hg.), Die neue Wirklichkeit: Semantische Neuvermessungen und Politik seit den 1970er-Jahren. Frankfurt am Main: Campus, 93–131.

Luhmann, Niklas 1984: Soziale Systeme: Grundriss einer allgemeinen Theorie. Frankfurt am Main: Suhrkamp.

Mau, Steffen 2017: Das metrische Wir: Über die Quantifizierung des Sozialen. Berlin: Suhrkamp.

Mayntz, Renate (ed.) 2012: Crisis and Control: Institutional Change in Financial Market Regulation. Frankfurt am Main: Campus.

Mayntz, Renate (ed.) 2015: Negotiated Reform: The Multilevel Governance of Financial Regulation. Frankfurt am Main: Campus.

Mayntz, Renate 2019: Überraschende historische Ereignisse als theoretisches Problem. In Ariane Leendertz / Uwe Schimank (Hg.), Ordnung und Fragilität des Sozialen. Renate Mayntz im Gespräch. Frankfurt am Main: Campus, 297–315.

Nassehi, Armin 2021: Muster. Theorie der digitalen Gesellschaft. München: C.H. Beck.

Parsons, Talcott 1951: The Social System. Chicago: Free Press.

Reckwitz, Andreas 2017: Die Gesellschaft der Singularitäten: Zum Strukturwandel der Moderne. Berlin: Suhrkamp.

Rogers, Melvin / Turner, Jack (eds.) 2021: African American Political Thought: A Collected History. Chicago: University of Chicago Press.

Scharpf, Fritz W. 1972: Komplexität als Schranke der politischen Planung. In Gesellschaftlicher Wandel und politische Innovation: Tagung der Deutschen Vereinigung für Politische Wissenschaft in Mannheim, Herbst 1971. Politische Vierteljahresschrift, Sonderheft 4, 168–192.

Scharpf, Fritz W. 1993: Positive und negative Koordination in Verhandlungssystemen. In Adrienne Héritier (Hg.), Policy-Analyse: Kritik und Neuorientierung. Politische Vierteljahresschrift, Sonderheft 24, 57–83.

Simon, Herbert 1962: The Architecture of Complexity. Proceedings of the American Philosophical Society, vol. 106, no. 6, 467–482.

Stichweh, Rudolf 2014: Differenzierung und Entdifferenzierung: Zur Gesellschaft des frühen 21. Jahrhunderts. Zeitschrift für Theoretische Soziologie, 3. Jg., Heft 1, 8–19.

Tacke, Veronika 2009: Differenzierung und / oder Vernetzung? Über Spannungen, Annäherungspotentiale und systemtheoretische Fortsetzungsmöglichkeiten der Netzwerkdiskussion. Soziale Systeme, 15. Jg., Heft 2, 243–270.

Vesting, Thomas 2018: Staatstheorie: Ein Studienbuch. München: C.H. Beck.

von Hayek, Friedrich A. 1972: Die Theorie komplexer Phänomene. Tübingen: Mohr.

White, Harrison 2008: Identity and Control: How Social Formations Emerge. Princeton: Princeton University Press.

Immanuel Kants Bedeutung für die Soziologie

Eine Würdigung anlässlich seines 300. Geburtstages

Bernhard Schäfers

Leben und Werk. Königsberg im Zentrum

Die Bedeutung Kants für die Soziologie – wie letztlich für alle Wissenschaften – liegt darin, dass er mit seinem Werk dem aufgeklärten, vernunftorientierten, von Dogmen und Vorurteilen freien Denken den Weg gewiesen hat. Ebenso verdanken wir ihm ein von idealistischen, theologischen und philosophischen Vorstellungen und Illusionen bereinigtes Menschenbild. Das zum selbstständigen Denken aufgerufene Individuum – *sapere aude!* – steht im Zentrum seiner Philosophie.

Nach der Darstellung von Friedrich Jonas in seiner Geschichte der Soziologie, in der vielfach auf Kant Bezug genommen wird, gehört der Königsberger Philosoph zu jenen Denkern, die auch der Soziologie als kritischer Wissenschaft den Weg bereitet haben (Jonas 2021: 2 f.).

Immanuel Kant wurde am 22. April 1724 in Königsberg geboren und starb dort am 12. Februar 1804. Sein Vater war Handwerksmeister und gehörte zur Zunft der Riemer und Sattler. Von 1740 bis 1746 studierte Kant Philosophie (einschließlich Logik), Mathematik und Physik an der Universität Königsberg (Kühn 2004: 93 ff.). Die Universität war eine landesherrlich-protestantische Gründung aus dem Jahr 1544. Danach hatte Kant für neun Jahre verschiedene Hauslehrerstellen in der näheren Umgebung Königsbergs. Erst im Jahr 1755 erfolgte die Promotion. 1756 erlangte er mit einer zweiten Dissertation (Habilitation) die Lehrbefugnis und konnte als Privatdozent unterrichten. 1765 erhielt Kant die erste feste Anstellung – als Bibliothekar der Universität. 1770 wurde er ordentlicher Professor für Metaphysik und Logik. Zwei Mal, 1786 und 1788, war Kant Rektor der Universität.

Königsberg war im 18. Jahrhundert mit zirka 50 Tausend Einwohnern eine der größten Städte Deutschlands. Die Stadt war geprägt durch selbstbewusste Kaufleute des aufstrebenden Bürgertums, das Zunftwesen der Handwerker und einen bedeutenden Seehandel. Schon bevor Kant seit 1784 über ein eigenes Haus verfügte, waren Engländer und Niederländer regelmäßig bei ihm zu Gast. Das war, wie das aufkommende Zeitungswesen, sein Tor zur Welt. In der Geschichte Preußens spielte Königsberg eine bedeutende Rolle. Hier wurde 1701 der preußische Kurfürst Friedrich III. als Friedrich I. zum »König in Preußen« gekrönt. Nach dem Zweiten Weltkrieg wurde die weitgehend zerstörte Stadt als Kaliningrad der Sowjetunion eingegliedert und ist jetzt eine Enklave Russlands.

Die Einflussbereiche Kants auf die Soziologie werden mit folgenden Punkten hervorgehoben: Seine Bedeutung für eine anthropologisch fundierte Soziologie; Georg Simmels an Kant orientierter Gesellschaftsbegriff; seine Moral- und Sittenlehre als Ausgangspunkt für die Theorie des sozialen Handelns und die Rechts- und Staatslehre. Folgende Werke Kants sind hierfür von besonderer Relevanz:

- Anthropologie in pragmatischer Hinsicht (Bd. 10: 395 ff.);[1] Über Pädagogik (ebd.: 691 ff.)
- Kritik der reinen Vernunft (Bd. 3 und 4).
- Kritik der praktischen Vernunft (Bd. 6: 103 ff.).
- Die Metaphysik der Sitten (Bd. 7: 303 ff.).
- Idee zu einer allgemeinen Geschichte in weltbürgerlicher Absicht; Was ist Aufklärung?; Mutmaßlicher Anfang der Menschheitsgeschichte; Zum ewigen Frieden (Bd. 9: 31 ff.,51 ff.; 83 ff.; 191 ff.).

---

[1] Zitiert wird nach der zehnbändigen Werkausgabe von Wilhelm Weischedel (1968). Folgende Biographien wurden herangezogen: Schultz (1965), Kühn (2004).

Kants Anthropologie als Grundlage einer soziologischen Handlungslehre

»Will man nicht in Mutmaßungen schwärmen«, sagt Kant in der kleinen Schrift zum »Mutmaßliche(n) Anfang der Menschengeschichte«, »so muss der Anfang von dem gemacht werden, was keiner Ableitung aus vorhergehenden Naturtatsachen durch menschliche Vernunft fähig ist, also: mit der Existenz des Menschen« (Bd. 9: 86).

Wie die Existenz des Menschen beschaffen ist, analysiert Kant vor allem in der umfänglichen Schrift, »Anthropologie in pragmatischer Hinsicht«.

»Eine Lehre von der Kenntnis des Menschen, systematisch abgefasst (Anthropologie), kann es entweder in physiologischer oder in pragmatischer Hinsicht geben. Die physiologische Menschenkenntnis geht auf die Erforschung, was die Natur aus dem Menschen macht, die pragmatische auf das, was er, als frei handelndes Wesen, aus sich selber macht, oder machen kann und soll« (Bd. 10: 399).

In der *Anthropologie* wie in weiteren Schriften geht Kant davon aus, dass der Mensch ein mit Vernunft begabtes Wesen ist, das aber aus Unmündigkeit, die viele Ursachen haben kann, sich dieser Anlage nicht zureichend bedient. In seiner bekanntesten, nur wenige Seiten umfassenden Schrift von 1784, »Beantwortung der Frage: Was ist Aufklärung?« heißt es einleitend:

»Aufklärung ist der Ausgang des Menschen aus seiner selbst verschuldeten Unmündigkeit. Unmündigkeit ist das Unvermögen, sich seines Verstandes ohne Anleitung eines anderen zu bedienen [...]. Sapere Aude! Habe Mut Dich Deines eigenen Verstandes zu bedienen! ist also der Wahlspruch der Aufklärung« (Bd. 9: 53).

Die Menschen sind Bedürfnis- und Vernunftwesen. Sie müssen ihre Anlagen, als Einzelwesen wie als Gattung, »gänzlich aus sich selbst herausbringen« (Bd. 9: 36). Um zur Vollständigkeit der Entwicklung ihrer Anlagen zu gelangen, bedürfen die Menschen der Vergesellschaftung (ebd.: 37).[2] Diese ist durch antagonistische Bestrebungen gekennzeichnet, »weil die ungesellige Geselligkeit der Menschen, d. i. der Hang derselben, in Gesellschaft zu treten, doch mit einem durchgängigen Widerstande, welche diese Gesellschaft beständig zu trennen droht, verbunden ist« (ebd.).

Die Gesellschaft nun, »die die größte Freiheit, mithin einen durchgängigen Antagonismus ihrer Glieder, und doch die genaueste Bestimmung und Sicherung der Grenzen dieser Freiheit hat, damit sie mit der Freiheit anderer

---

2 Ein Gedanke, der sich bereits bei Aristoteles findet.

bestehen« kann, ist die »allgemein das Recht verwaltende bürgerliche Gesellschaft« (ebd.: 39). Kant geht davon aus, dass dieser Antagonismus nie ganz aufgehoben werden kann. Antagonistisch und damit letztlich ebenso wenig auflösbar ist ihm auch das Phänomen der Ungleichheit unter den Menschen: »Eine Ungleichheit, über die Rousseau mit vieler Wahrheit klagt, die aber von der Natur nicht abzusondern ist, solange sie gleichsam planlos fortgeht.« (ebd.: 95)[3] Die Ungleichheit begann nach Kant mit der Ausbreitung und Entfaltung der Kultur; seither ist sie eine »reiche Quelle so vieles Bösen, aber auch alles Guten« (ebd.: 97).

In der Schrift »Mutmaßlicher Anfang der Menschengeschichte« nimmt Kant auch Bezug auf den 1762 erschienenen Erziehungsroman von Jean-Jacques Rousseau »Emil oder Über die Erziehung«. In dieser Schrift wollte Rousseau (1712–1778) das Problem auflösen, »wie die Kultur fortgehen müsse, um die Anlagen der Menschheit, als einer sittlichen Gattung, zu ihrer Bestimmung gehörig zu entwickeln, so dass diese als Naturgattung nicht mehr widerstreite.« (ebd.: 93)

Kants anthropologische Position ist, wie Friedrich Jonas in seiner Geschichte der Soziologie hervorhebt (2021: 37), zwischen dem anthropologischen Pessimismus von Thomas Hobbes (*homo homini lupus*) und dem Optimismus von Jean-Jacques Rousseau anzusiedeln. Sein Skeptizismus im Hinblick auf die Menschennatur wird vor allem bei der Erörterung der Frage deutlich, wie der Missbrauch der Freiheit verhindert werden könne. Er gipfelt in dem Satz: »Aus so krummem Holze, als woraus der Mensch gemacht ist, kann nichts ganz Gerades werden. Nur die Annäherung zu dieser Idee ist uns von der Natur auferlegt.« (Bd. 9: 41) Als Fußnote fügt Kant die Anmerkung hinzu: »Die Rolle des Menschen ist also sehr künstlich.«

Georg Simmels an Kant orientierter Gesellschaftsbegriff

Georg Simmel (1858–1918) hat in seinem soziologischen Hauptwerk »Soziologie. Untersuchungen über die Formen der Vergesellschaftung« im Exkurs zum ersten Kapitel: *Wie ist Gesellschaft möglich?* die Herleitung des Gesellschaftsbegriffs als Gegenentwurf zu Kants transzendentaler Theorie der Erkenntnis von Naturtatsachen dargestellt (Simmel 2016: 42 ff.). In Kants

---

3 Kant nimmt Bezug auf die Schrift von Rousseau »Abhandlung über den Ursprung und die Grundlagen der Ungleichheit unter den Menschen« (2021).

philosophischem Hauptwerk »Kritik der reinen Vernunft« heißt es: »Ich nenne alle Erkenntnisse transzendental, die sich nicht sowohl mit Gegenständen, sondern mit unserer Erkenntnisart von Gegenständen, so fern diese a priori möglich sein soll, beschäftigt.« (Bd. 3: 63) Aber auch das Soziale beziehungsweise die Gesellschaft haben ihre Aprioris (vgl. Krähnke 2018). Simmel beginnt den Exkurs *Wie ist Gesellschaft möglich?* mit der Feststellung: »Kant konnte die fundamentale Frage seiner Philosophie: Wie ist Natur möglich? – nur stellen und beantworten, weil für ihn Natur nichts anderes war als die Vorstellung von der Natur.« (Simmel 2016: 42) Der Ansatz von Kant, Naturtatsachen in transzendentaler Perspektive zu betrachten, also vom konstruierenden Verstand aus, könne nicht einfach auf die Soziologie übertragen werden. Die Gesellschaft der Individuen als Objekt der Soziologie beruhe auf völlig anderen Grundlagen als die Gegenstände der Natur.

»Die entscheidende Differenz der Einheit einer Gesellschaft gegen die Natureinheit aber ist diese: dass die letztere […] ausschließlich in dem betrachtenden Subjekt zustande kommt […]; wogegen die gesellschaftliche Einheit von ihren Elementen, da sie bewusst und synthetisch-aktiv sind, ohne weiteres realisiert wird und keines Betrachters bedarf.« (ebd.: 43)

Bei der Erörterung seines Gesellschaftsbegriffs hebt Simmel den für seine Soziologie zentralen Begriff der Wechselwirkung hervor:

»Die Bewusstseinsprozesse, mit denen sich Vergesellschaftung vollzieht: Die Einheit aus Vielen, die gegenseitige Bestimmung des Einzelnen für die Totalität der andern und dieser Totalität für den Einzelnen – verlaufen unter dieser ganz prinzipiellen, nicht abstrakt bewussten, aber in der Realität der Praxis sich ausdrückenden Voraussetzung: dass die Individualität des Einzelnen in der Struktur der Allgemeinheit eine Stelle findet […].« (ebd.: 61)

Über die mit der Wechselwirkung verbundene »Doppelbindung« sagt Simmel:

»Das Apriori des empirischen sozialen Lebens ist, dass das Leben nicht ganz sozial ist, wir formen unsere Wechselwirkungen nicht nur unter der negativen Reserve eines in sie nicht eintretenden Teils unserer Persönlichkeit […], sondern gerade die formale Tatsache, dass er außerhalb der letzteren steht, bestimmt die Art dieser Einwirkung.« (ebd.: 53)

In dem von Hans-Peter Müller und Tilman Reitz herausgegebenen Simmel-Handbuch führt Claudius Härpfer zum Eintrag *Kant, Immanuel* aus, welchen Stellenwert Kant für Simmels Œuvre hatte. Sowohl die Dissertation als auch seine Habilitation setzten sich mit Kant auseinander (Härpfer 2018: 304 f.).

Für Simmel sei es nicht darum gegangen, aus der Philosophie Kants neue Impulse zu gewinnen – wie die neu-kantianischen Schulen dieser Zeit, von denen auch Max Weber ausging, um einen objektiven Standpunkt für die Empirie der Kulturwissenschaften zu erreichen. Angeregt und bereichert durch Kants Schriften sei es Simmel um seine eigenen Themen gegangen, sei es das Geschlechterverhältnis oder die Fundierung von allgemeiner Moralität und Sittlichkeit (vgl. Simmel 1989/1991).

Grundlagen für einen soziologischen Handlungsbegriff und die Rechts- und Staatslehre

Obwohl Max Weber (1864–1920) seinen Begriff von der »Objektivität sozialwissenschaftlicher und sozialpolitischer Erkenntnis« (2002: 77 ff.) vor allem dem Studium der neu-kantianischen Wissenschaftslehre, namentlich Heinrich Rickerts, verdankte, spielt Kant für seinen Handlungsbegriff oder die Begriffe Vergemeinschaftung und Vergesellschaftung keine Rolle (ebd.: 653 ff.).

Wie ist gemeinsames Handeln möglich? Die Kurzantwort lautet: Durch die in einem Stamm oder Clan, in Gemeinschaft oder Gesellschaft geteilten gemeinsamen Normen und Werte (vgl. Schäfers 2016). Die weitere Frage lautet: Wie wird die verbindliche Gemeinsamkeit dieser Werte erreicht? Kants Schriften zu Moral und Ethik und zur »Natur« des Menschen und seiner Handlungsfähigkeit geben Antworten. Dass die »natürlichen« Anlagen des Menschen dem von Kant aufgestellten Sittengesetz mit seinem Tugendkatalog der Pflicht widersprechen können, ist nur zu offenkundig.[4] »Antinomien« (Kant) von menschlicher Natur und Sittengesetz bestimmen das Leben der Menschen, zum Beispiel die von auferlegten Pflichten und persönlichen Neigungen. Das wird besonders deutlich, wenn das allgemein herrschende Sittengesetz und die individuelle Freiheit miteinander in Konflikt geraten.

In der Schrift »Die Religion innerhalb der Grenzen der bloßen Vernunft« (1793) heißt es in der Vorrede zur ersten Auflage, dass »die Moral, sofern sie nur dem Begriffe des Menschen als eines freien, eben darum aber auch sich selbst durch seine Vernunft an ein unbedingtes Gesetz bindendes Wesen« keineswegs der Religion bedürfe, denn »vermöge der reinen praktischen Vernunft ist sie sich selbst genug« (Bd. 7: 649). Eine Auffassung, die Widerspruch

---

4 Vgl. »Über das radikale Böse in der menschlichen Natur« (Bd. 7: 665).

hervorrief (vgl. Kühn 2004: 429 ff.). In seiner letzten, von ihm selbst nicht mehr herausgegebenen Schrift »Über Pädagogik« ist zu lesen: »Der Mensch hat aber von Natur einen so großen Hang zur Freiheit, dass, wenn er erst eine Zeit lang an sie gewöhnt ist, er ihr alles aufopfert« (Bd. 10: 698).

Die Grundlagen der »sittlichen«, aufeinander bezogenen Handlungen, die nicht frei sind und niemals ganz frei sein können von Antinomien, wurden außer bei Simmel auch von Jürgen Habermas (*1929) und Talcott Parsons (1902–1979) aufgegriffen. Habermas' Theorie des kommunikativen Handelns »rückt die sprachliche Verständigung als Mechanismus der Handlungskoordinierung in den Mittelpunkt« (1981: 370). Das geschieht mit vielen Rückgriffen auf Kants Anthropologie, Moral- und Sittenlehre, immer mit Bezug auf die für seine Theorie wichtigen »Gewährsleute«: George Herbert Mead, Émile Durkheim und Max Weber.

In Talcott Parsons' soziologischem Klassiker »The Structure of Social Action« (1968) erfolgt die Auseinandersetzung mit Kants Auffassung von empirischer Wissenschaft und seiner Grundlegung des menschlichen Handelns durch Moral und Sitte in Auseinandersetzung mit *recent European writers,* vor allem im Zusammenhang seiner Darstellung von Émile Durkheim (1858–1917) und Max Weber. Zu Durkheim heißt es: »While accepting the central importance of the ideas of duty, he criticizes the Kantian ethics as one-sided on account of playing sole attention by duty. There is, he says, also the element of the good, of desirability« (Parsons 1968: 387).

Eine auch für die Soziologie und ihre Analysen von Recht, Gesellschaft und Staat grundlegende Orientierung findet sich in der »Metaphysik der Sitten« von 1797. Grundlage allen staatlichen Handelns ist das Recht. Recht ist nach Kant »der Inbegriff der Bedingungen, unter denen die Willkür des einen mit der Willkür des andern vereinigt werden kann« (Bd. 7: 337). »Willkür« ist im Sinn von Willensbildung zu verstehen.

Diese Definition führt zu der des Staates: »Ein Staat (civitas) ist die Vereinigung einer Menge von Menschen unter Rechtsgesetzen.« (ebd.: 431) Wenn es dann weiter heißt: »Die gesetzgebende Gewalt kann nur dem vereinigten Willen des Volkes zukommen«, dann ist an dieser wie an anderen Stellen der »Metaphysik der Sitten« offenkundig, dass sich Kant auch an der Staatsphilosophie von Rousseaus Schrift »Vom Gesellschaftsvertrag« (2011) orientierte, die die Republik als einzig mögliche Staatsform für aufgeklärte, mündig gewordene Bürger ansah.

Kant, der Kritische Rationalismus und die offene Gesellschaft

Ein Angelpunkt von Kants Erkenntnistheorie kann darin gesehen werden, dass von der Existenz synthetischer Urteile a priori ausgegangen werden muss. Die Faszination Kants für die Newtonsche Physik, die er in seiner Privatdozentenzeit den Studierenden erläuterte (vgl. Schultz 1965, Kühn 2004), und ihre zu seinen Lebzeiten vielfach bestätigte Prognosefähigkeit waren für ihn der entscheidende Anlass, über den Empirismus von David Hume und dessen Induktionismus mit einer »veränderten Methode der Denkungsart« (Bd. 3: 26) hinauszugehen. Dies begründete er in der Vorrede zur zweiten Auflage der »Kritik der reinen Vernunft« (ebd.: 20 ff.) ausführlich mit Beispielen aus der Mathematik (Thales von Milet), der Physik – neben Isaac Newton vor allem Galileo Galilei – und aus der Astronomie mit Nikolaus Kopernikus.[5]

Es geht nach Kant bei der Entdeckung von Naturgesetzen darum, eine dem menschlichen Verstehen und Begreifen adäquate Ordnung in das Chaos der Erscheinungen zu bringen. Dies ist der Ausgangspunkt der Kritik in Karl Raimund Poppers (1902–1994) Begründung des Kritischen Rationalismus. In »Conjectures and Refutations« (1968) analysiert Popper, warum Kant mit der Position der unabhängigen, von der Suchleistung des eigenen Verstandes ausgehenden Erkenntnis noch nicht weit genug gegangen sei. Kant habe den Determinismus der Newtonschen Physik nicht überwunden und nicht gesehen, dass »Newton's theory is no more than a marvellous conjecture, an astonishing good approximation.« (Popper 1968: 94)

Wir seien, so Popper, gegenüber der Erkenntniswelt noch freier als der uns allererst einen freien, unabhängigen Standort gewinnende Kant annahm. Denn die aufgefundenen »Gesetze« seien letztlich nur *conjectures*, Vermutungen, die auf Widerlegung (*refutation*) beziehungsweise Erweiterung angelegt seien. Dazu bedürfe es eines intellektuellen Klimas, das unbefangen und ohne Scheu alles dem kritischen Denken unterwerfe. Dieses habe Kant begründet, und daran sei festzuhalten. Zur Beschreibung dieses intellektuellen Klimas genügt ein Satz aus Kants Vorrede zur ersten Auflage der »Kritik der reinen Vernunft«:

---

5 Zur »kopernikanischen Wende« Kants vgl. Bd. 3: 25 f.

»Unser Zeitalter ist das eigentliche Zeitalter der Kritik, der sich alles unterwerfen muss. Religion durch ihre Heiligkeit, und Gesetzgebung, durch ihre Majestät wollen sich gemeiniglich derselben entziehen. Aber alsdann erregen sie gerechten Verdacht wider sich und können auf unterstellte Achtung nicht Anspruch machen, die die Vernunft nur demjenigen bewilligt, was ihre freie und öffentliche Prüfung hat aushalten können« (Bd. 3: 13).

Auch an Poppers Streitschrift für eine »offene Gesellschaft« und einen von Vorurteilen freien Diskurs ist in der gegenwärtigen allgemeinen und wissenschaftlichen Situation zu erinnern. »Die offene Gesellschaft und ihre Feinde« (1992) ist »dem Andenken des Philosophen der Freiheit und Menschlichkeit«, Kant, gewidmet.

Schlussbemerkungen

Das Gedenken an Kant soll an seine aufgeklärte, vernunftorientierte, von Dogmen und Vorurteilen freie »Denkungsart« (Kant) und an ein anthropologisch fundiertes Menschenbild jenseits von ideologischen und idealistischen Vorgaben und Illusionen erinnern.

Dass Kant in seiner Gesellschaftslehre von den für die anzustrebende bürgerliche Gesellschaft grundlegenden Funktionen der individuellen Verfügung über Eigentum und einen freien Markt ausging, spricht nicht gegen ihn. Er kannte Adam Smiths Epochenwerk »Der Wohlstand der Nationen« (1776). Die Wertschätzung des privaten Eigentums in der sich entwickelnden bürgerlichen Gesellschaft war zu Kants Lebzeiten der einzig gangbare Weg, das *ancien régime* zu überwinden (Schäfers 1996: 193 f.). Die Erfahrungen mit sozialistischen Gesellschaften, die in der Abschaffung des Privateigentums an Produktionsmitteln die Lösung für eine von Ausbeutung freie, harmonische Gesellschaft sahen, zeigen, dass Versuche, die bei Kant als Ideale gekennzeichneten Zustände bruchlos in die Wirklichkeit umzusetzen, sich letztlich gegen diese Ideale richten, vor allem gegen die von Freiheit und Selbstbestimmung der Individuen. Um mit einem Satz Kants aus seiner bereits zitierten Schrift »Über Pädagogik« zu schließen:

»Ein Entwurf zu einer Theorie der Erziehung ist ein herrliches Ideal, und es schadet nicht, wenn wir auch nicht gleich im Stande sind, es zu realisieren. Man muss nur nicht die Idee für schimärisch halten, und sie als einen schönen Traum widerrufen, wenn auch Hindernisse bei ihrer Ausführung eintreten. Eine Idee ist nichts anderes, als der Begriff von einer Vollkommenheit, die sich in der Erfahrung noch nicht vorfindet.« (Bd. 10: 700 f.)

Literatur

Habermas, Jürgen, 1981: Theorie des kommunikativen Handelns. Band 1: Handlungsrationalität und Gesellschaftliche Rationalisierung. Frankfurt am Main: Suhrkamp.

Härpfer, Claudius 2018: Kant, Immanuel. In Hans-Peter Müller / Tilman Reitz (Hg.), Simmel-Handbuch. Begriffe, Hauptwerke, Aktualität. Berlin: Suhrkamp, 303–306.

Jonas, Friedrich 2021 [1968/1969]: Geschichte der Soziologie. 3. Auflage, Band 1. Wiesbaden: Springer VS.

Krähnke, Uwe 2018: Apriori, soziologische. In Hans-Peter Müller / Tilman Reitz (Hg.), Simmel-Handbuch. Begriffe, Hauptwerke, Aktualität. Berlin: Suhrkamp, 110–114.

Kühn, Manfred 2004: Kant. Eine Biographie. 3. Auflage. München: C.H. Beck.

Parsons, Talcott 1968 [1937]: The Structure of Social Action. A Study in Social theory with special Reference to a Group of Recent European Writers. Vol. I: Marshall, Pareto, Durkheim. New York: The Free Press.

Popper, Karl R. 1968 [1962]: Conjectures and Refutations. The Growth of Scientific Knowledge. New York: Basic Books.

Popper, Karl R. 1992 [1945]: Die offene Gesellschaft und ihre Feinde. 7. Auflage. Tübingen: J.C.B. Mohr (Paul Siebeck).

Rousseau, Jean-Jacques 2011: Vom Gesellschaftsvertrag oder Grundsätze des Staatsrechts. Stuttgart: Reclams Universalbibliothek Nr. 1769 (frz. Orig. 1762).

Rousseau, Jean-Jacques 2021: Abhandlung über den Ursprung und die Grundlagen der Ungleichheit unter den Menschen. 4. Auflage. Ditzingen: Reclams Universalbibliothek Nr. 1770 (frz. Orig. 1755; dt. 1756).

Schäfers, Bernhard 1996: Kant und die Entwicklung einer aufgeklärten Gesellschaftstheorie. In Bernhard Schäfers, Soziologie und Gesellschaftsentwicklung. Aufsätze 1966–1996. Opladen: Leske + Budrich. 23–44.

Schäfers, Bernhard 2016: Soziales Handeln und seine Grundlagen: Normen, Werte, Sinn. In Hermann Korte / Bernhard Schäfers (Hg.), Einführung in Hauptbegriffe der Soziologie, 9. Auflage. Wiesbaden: Springer VS, 23–49.

Schultz, Uwe 1965: Immanuel Kant in Selbstzeugnissen und Bilddokumenten. Reinbek bei Hamburg: Rowohlt.

Simmel, Georg 1989/1991 [1892/1893]: Einleitung in die Moralwissenschaft. Eine Kritik der ethischen Grundbegriffe. Gesamtausgabe Band 3 und 4. Frankfurt am Main: Suhrkamp.

Simmel, Georg 2016 [1908]: Soziologie. Untersuchungen über die Formen der Vergesellschaftung. Gesamtausgabe Band 11. Frankfurt am Main: Suhrkamp.

Smith, Adam 1776: An Inquiry into the Nature and Causes of the Wealth of Nations. London: W. Strahan and T. Cadell.

Weber, Max 2002: Schriften 1894–1922. Ausgewählt und herausgegeben von Dirk Kaesler. Stuttgart: Alfred Kröner Verlag (Kröners Taschenausgabe Bd. 33).

Weischedel, Wilhelm (Hg.) 1968: Immanuel Kants Werke in zehn Bänden. Darmstadt: Wissenschaftliche Buchgesellschaft.

Externe und interne Evidence in einer theoriebewusst »neuorientierten« soziologischen Methodenausbildung

Constantin von Carnap, Marlene von Carnap, Johann Behrens

In dieser Zeitschrift veröffentlichten Andreas Diekmann (2023) und Heinz Leitgöb, Knut Petzold, Tobias Wolbring und Annelies Blom (2023) sowie Tobias Boll, Tobias Röhl und Daniela Schiek (2024) Vorschläge zur Neuorientierung der soziologischen Methodenausbildung. In unserem Beitrag[1] beabsichtigen wir weniger eine Kritik dieser Vorschläge als eine Ergänzung. Die Ergänzung bezieht sich hauptsächlich auf die Methoden-Unterstützung der Studierenden für all jene Berufstätigkeiten, in denen konkrete Klienten, also natürliche oder juristische Personen, informiert und beraten werden. In diesen Berufstätigkeiten wollen und werden die meisten Soziologie und Sozialwissenschaften (einschließlich der Ökonomie) Studierenden ihren ihn Platz im Leben finden. Diese Berufstätigkeiten setzen überwiegend nicht nur die Fähigkeit zur Erkenntnis *externer Evidence* voraus, wie sie typischerweise an Häufigkeitsverteilungen in Populationen gewonnen und in Studien dokumentiert und publiziert werden. Diese Berufstätigkeiten verlangen darüber hinaus Fähigkeiten zum Aufbau *interner Evidence*.[2] Das erörtern wir im ersten

---

[1] Wir danken Sylke Nissen für viele hilfreiche Rückfragen, Gegenargumente und Hinweise.

[2] Das Wort *Evidence* wurde ursprünglich im Gesundheitswesen genutzt, heute legen ökonomische und andere sozialwissenschaftliche Forschungsinstitute Wert auf die Feststellung, sie betrieben evidenzbasierte Politikberatung (Garnadt 2024). Da das Wort *Evidence* im Englischen eindeutig einen intersubjektiv prüfbaren Indizienbeweis meint, das deutsche Wort »Evidenz« hingegen seit der Romantik auch ein höchstpersönliches, zwischenmenschlich nicht überprüfbares Evidenzerlebnis meinen kann, benutzen wir hier der Eindeutigkeit wegen das englische Wort *Evidence* (Behrens, Langer 2004). Das Wort *interne Evidence* hat seine Bedeutung seit dem letzten Jahrtausend verändert und geschärft. Im

Teil des Beitrages. Der Unterschied sei hier schon einmal kurz an der Arbeit von Soziologen und Ökonomen an unabhängigen Forschungsinstituten vorgestellt: Einige der dort Berufstätigen könnten sich darauf beschränken, eigene soziologische und ökonomische Untersuchungen an Populationen durchzuführen, die Untersuchungen anderer zusammenzustellen, sie methodisch zu bewerten, zu publizieren – und den Lesenden oder Auftraggebenden jede Schlussfolgerung für deren Handeln selbst zu überlassen. Dann hätten sie sich auf den Aufbau *externer Evidence* beschränkt. Die weitaus meisten Berufstätigen der Sozialwissenschaften einschließlich der Ökonomie beschränken sich aber nicht darauf. Vielmehr ziehen sie aus dieser externen Evidence beratende Schlussfolgerungen für den individuellen Fall einer Klientin, sei es die juristische Person einer Regierung (Politikberatung), einer Firma, eines Verbandes, eines Amtes oder die natürliche Person einer Ratsuchenden oder Unterstützungsbedürftigen. Dieser Schritt von der externen Evidence einer Populationsstudie zum Rat für eine konkrete juristische oder natürliche Person ist ein großer Schritt. Er steckt voller Gefahren eines Fehltritts, eines Fehlschlusses oder eines Missverständnisses. Der Schritt ist praktisch überhaupt nur denkbar, wenn die Informierten und Beratenen sich selbst über ihre eigene Fragestellung, ihre Ziele und ihre Ressourcen klar werden – und diese Klarheit im Gespräch jenen Professionsangehörigen begreiflich machen können, von denen sie einen Rat erhoffen. Diese Arbeit der Selbstklärung des individuellen Falls im (Selbst)Gespräch ist der Aufbau *interner* Evidence. Ohne Aufbau interner Evidence hat man gar keine Fragen an die externe Evidence der Studien. Es ist eine interessante Frage, wie viele Berufstätige der Soziologie und Ökonomie zu denen gehören, die sich auf die Vorlage validitätsbewerteter Populationsuntersuchungen (also externe Evidence) beschränken können, wie viele auf die interne Evidence der von ihnen Informierten und Beratenen angewiesen sind. Wer als Soziologin oder Soziologe als Mitglied der Nationalen Akademie der Wissenschaften Leopoldina arbeitet, bedarf eindeutig der internen Evidence seiner oder ihrer beratenen Klientin. Die Aufgabe der Politikberatung ist der Leopoldina nicht nur satzungsmäßig vorgeschrieben, die dort tätigen Kolleginnen halten sich auch daran, zum Beispiel in ihrer Beratung zum Umgang mit Covid 19.

---

vorigen Jahrtausend bezeichnete man noch oft als interne Evidence alles, was eine Pflegende oder Ärztin an Erfahrungen, Vorurteilen, Stereotypen und Evidenzerlebnissen im Kopf hatte. Heute bezeichnet interne Evidence alles, was Professionsangehörige weder aus der externen Evidence ihrer Literatur-Studien noch aus ihren Erfahrungen und früheren Evidenzerlebnissen, sondern ausschließlich von ihrem individuellen Klienten wissen können (vgl. Raspe 2015).

Dasselbe gilt für alle von Drittmitteln abhängigen soziologischen Forschungsinstitute. Selbst die DFG verlangt im Förderantrag die Aussicht auf klientenbezogene Schlussfolgerungen. Verbände, Firmen und Ämter erwarten von der Einstellung soziologischer und ökonomischer Fachleute klientenbezogene Empfehlungen. Und für Beratungen natürlicher Personen in Ämtern gilt das ohnehin. Sicher gibt es soziologische und ökonomische Kolleginnen, die nur für die Aufbereitung externer Evidence zuständig sind. Sind es 10 Prozent oder mehr? 20 Prozent oder weniger? Auf alle Fälle sind es die anderen 90 oder auch nur 80 Prozent wert, dass sie im Studium Methoden der Übertragung externer Evidence in den Aufbau interner Evidence kennenlernen können. Das ist das Thema des ersten Teils dieses Beitrages.

Im zweiten Teil geht es um die Frage, ob die gegen Ende des vorigen Jahrhunderts entwickelte Aufteilung in Theorie-Lehrstühle und Methoden-Lehrstühle[3] wirklich aktuell die Methoden-Ausbildung fördert oder sie vielmehr erschwert – und das in beiden Bedeutungen, die das Wort Methoden-Ausbildung hat: für die Ausbildung in Methoden und die Ausbildung von Methoden. Dieser Frage widmet sich der zweite Teil unserer Ergänzungen. Denn Leitgöb et al. (2023) aber auch Boll, Röhl und Schiek (2024) gehen wie selbstverständlich davon aus, der Bereich der ›quantitativen Methodenausbildung‹ sei sinnvoll von dem der ›qualitativen‹ Methoden-Ausbildung und dem der Theorien-Ausbildung abgrenzbar – gerade in »ihrer gleichberechtigten und ausgewogenen sowie planvoll abgestimmten Vermittlung« (Boll, Röhl, Schiek 2024: 57). Daher erörtern wir ihre veröffentlichten Vorschläge zur Widmung von Professuren und zu Curricula, ohne die Diskussion für abgeschlossen zu halten.

Der dritte Teil unseres Beitrags ergänzt die von den bisherigen Beiträgen in der SOZIOLOGIE herausgestellte Relevanz der Digitalisierung, zum Beispiel der *Computational Social Sciences*, indem er der Feststellung widerspricht, es gäbe eine nicht theoriegeleitete, induktive Datenanalyse und sogar eine von Leitgöb et al. so genannte »induktive Logik des Erkenntnisgewinns« (2023: 333). Stattdessen versucht der dritte Teil Bedingungen zu ergänzen, unter denen Digitalisierung und die – seit 50 Jahren praktizierte – Analyse so genannter Big Data die explorativ wie die kausal orientierte Sozialforschung unterstützen kann: Im Konzert aller ›Daten‹ generierenden und verarbeitenden Fächer können Soziolog:innen ihre spezifischen Fähigkeiten einbringen, den Theoriegehalt in allen ›Daten‹ zu reflektieren.

---

3 Diese oft noch aufgeteilt in Curricula für so genannte ›quantitative‹ und ›qualitative‹ Methoden.

Generalisierung auf externe und interne Evidence als häufigste soziologische Berufstätigkeit

Die wenigsten Absolventinnen und Absolventen der Soziologie (und des soziologischen oder zumindest sozialwissenschaftlichen Teilbereichs Ökonomie) werden an jene wenigen soziologischen Forschungsinstitute gehen, die *ausschließlich* allgemeine soziologische Studien über ganze Gesellschaften oder deren aggregierter Kunstfigur, den *average man*, durchführen, ohne Schlussfolgerungen für einen konkreten Klienten zu ziehen. Die Mehrheit wird ihren Platz in Berufen finden wollen und finden, in denen sie konkrete natürliche oder juristische Personen beraten, zum Beispiel Bürgerinnen und Bürger in schwierigen Situationen oder Kommunen, Länder, Ministerien, Genossenschaften, Firmen oder Staaten. Diese konkreten Klientinnen sind in der Regel nicht zufrieden, wenn man ihnen einen Vortrag über die aktuelle sozialwissenschaftliche (einschließlich ökonomische) Studienlage ohne Bezug zu ihrem individuellen Problem hält. Sie sind auch nicht ganz zufrieden, wenn man ihnen dankt, dass sie sich als Klientinnen uneigennützig für weitere soziologische und ökonomische Studien als Probandinnen zur Verfügung stellen. Sie wollen eine Information oder einen konkreten Rat in ihrem ganz konkreten individuellen Fall. Man mag diese Erwartung der Klientinnen bedauern, wenn man das als BA oder MA der Soziologie eigentlich nicht gelernt hat. Aber ganz unverständlich ist diese Erwartung der Klientinnen nicht.

Um diesen Wunsch nach Beratung erfüllen zu können, muss eine höchst relevante Methodenfrage geklärt werden: Wie schließe ich aus einer Studie auf jenen Einzelfall, in dem ich um Rat und Hilfe gefragt werde – oder zumindest, was kann man aus der Studie für diesen beratungsbedürftigen konkreten Fall lernen? Mit dieser Frage haben sich in der Tat herausragende Methodikerinnen und Methodiker beschäftigt. Besonders ergreifend tat das der Psychologe, Soziologe, Pädagoge und Evaluationsforscher Lee J. Cronbach, für dessen Rezeption in der deutschen Soziologie sich Wolbring und Keuschnigg (2015: 224 ff.) zu Recht sehr einsetzten. Ergreifend deshalb, weil er nach jahrzehntelangen Bemühungen grandios scheiterte. Diese Heldengeschichte sollte Studierenden der Soziologie nicht vorenthalten werden. Lee J. Cronbach widmete sich jahrzehntelang der Frage: Wie lässt sich aus einer vorliegenden Fallstudie auf den nächsten Fall schließen, zu dessen Beratung oder Beurteilung man gerufen wird?

Bevor wir auf seine Antwort kommen, kurz ein Hinweis auf Fächer, die diese Frage – früher als Soziologie und Ökonomie – als die entscheidende

Frage ihrer ganzen Existenz erkennen mussten. Diese Fächer sind die behandelnden Fächer der Therapie, Pflege, Hebammenwissenschaft und Medizin. Ihre Klientinnen (Schwangere, Pflegebedürftige, Patientinnen, Kommunen) erwarten einen Rat, der genau ihren individuellen Lebenszielen und Lebensumständen, ihren höchstindividuellen Ressourcen und ihren aktuellen Zuständen entspricht. Die Gesundheitsberufe bezeichnen die Ergebnisse von Populationsstudien als *externe Evidence*, wenn sie sich in möglichst vielen Replikationsstudien unter methodischen Kriterien (vgl. Behrens, Langer 2004; 2022; Raspe 2015) bewährt haben. Was man für einen individuell konkreten Behandlungsrat (also eine ›Indikations-Stellung‹) braucht, ist dagegen die *interne Evidence* der persönlichen Lebensvorhaben beziehungsweise kommunalen Ziele und der Lebensumstände der zu beratenden natürlichen oder juristischen Person, ihrer höchstindividuellen Ressourcen, Kontexte und Zustände. Erst aus deren Kenntnis ergeben sich die konkreten Fragen an die externe Evidence, deren Ergebnisse in den Aufbau interner Evidence durch die Klientinnen eingehen können. Erst aus der internen Evidence ergibt sich die ›Indikation‹ einer Maßnahme – da Gesundheitsberufe ja bekanntlich nicht nur Gewebe und Organe behandeln, sondern vielmehr Personen. Auch Studierende der Soziologie (und Ökonomie) haben ein Recht darauf, die Methoden des Aufbaus interner Evidence unter Nutzung externer Evidence im Studium trainieren zu können – insbesondere, wenn sie sich nicht ganz sicher sind, sich in ihrem Soziologenleben ausschließlich mit externer Evidence beschäftigen zu wollen. Um einem Einwand zuvorzukommen: Der Aufbau interner Evidence ist keineswegs eine außerwissenschaftliche Praxis, die ›Praktikerinnen‹ nach außerwissenschaftlichen Kunstregeln und gesundem Menschenverstand ausüben. Wäre sie eine außerwissenschaftliche Kunst, wären weder Ratschläge noch Entscheidungen wissenschaftlich vernünftig zu begründen und zu kritisieren. Sie wären der wissenschaftlichen Kritik völlig entzogen. Es wäre gar nicht zu verstehen, warum diese Tätigkeit ausgerechnet von soziologisch und therapiewissenschaftlich profilierten Mitgliedern der Nationalen Akademie der Wissenschaften erwartet würde.

Lee J. Cronbach hat 1982 präzise die Bedingungen definiert, unter denen man aus einer (soziologischen, ökonomischen, psychologischen, pädagogischen, klinischen) Feldstudie auf einen konkreten Fall schließen kann, also aus der externen Evidence auf die interne Evidence. Die folgenden vier Merkmalsdimensionen müssen in der Feldstudie und im Fall, auf den man die Ergebnisse der Feldstudie übertragen (›anwenden‹) will, hinreichend identisch sein: die Eigenschaften der Probanden (*units*), der Maßnahmen (*treatments*), der Messung (*observing operations*) und des Kontexts (*settings*). Nach den Anfangsbuchstaben der vier Merkmalsdimensionen fasst Cronbach sie im Akronym UTOS zusammen. Sobald auch nur eine Merkmalsdimension nicht hinreichend identisch ist, könne man Ergebnisse einer Feldstudie nicht mehr übertragen, weil es sich um Pseudo-UTOS handele, von Cronbach *UTOS genannt. Man muss diese vier Bedingungen nur ansehen, um zu erkennen: Ob die vier Merkmalsdimensionen gegeben sind oder nicht, kann man nur durch eine intensive weitere Forschung feststellen, nur durch den Aufbau interner Evidenz. Ohne Aufbau interner Evidenz ist der Schluss aus einer Studie auf einen konkreten Fall unmöglich. Möglich wäre der Schluss nur, gäbe es keine unbeobachtete Heterogenität (Behrens 2015; Wolbring, Keuschnigg 2015).

Die theoretischen Annahmen über Diversität bestimmen die Anforderungen an die Methode. In der Geschichte der Humanwissenschaften gibt es bis heute drei Annahmen und entsprechende Umgangsweisen mit Diversität:

a) Alle Menschen sind gleich. Was man an einem Menschen findet, gilt vermutlich für alle.
b) Menschen sind unterschiedlich, aber wir kennen die Unterschiede im Voraus. Weil wir sie kennen, ist *pairing* in Studien möglich.
c) Menschen sind unterschiedlich, und wir kennen die Unterschiede nicht im Voraus (= ›unbeobachtete Heterogenität‹).

Die Annahme a) unterliegt vielen Studien. Piaget hat seine bahnbrechenden Untersuchungen über die Entwicklung des moralischen Urteils und der kognitiven Kompetenzen von Kindern durch theoriegeleitete Beobachtungen seiner eigenen Kinder durchgeführt und als allgemeine Theorie kindlicher Entwicklung veröffentlicht. Die Idee, im Kinderzimmer eines Professorenhaushalts entwickelten sich Kinder völlig anders als bei Obdachlosen, berücksichtigte er fast gar nicht.[4] Die Annahme, alle Menschen seien gleich, liegt auch vielen historischen Behandlungsstudien zugrunde. Mediziner probierten neue Substanzen an sich selbst aus, zuweilen mit erheblichen Schäden für ihre Gesundheit. Ihr Gedanke war: Was sie überlebten und ihnen nutzte, würde allen Menschen nutzen. Diese Annahme liegt implizit auch jenen zahlreichen soziologischen Einzelfallstudien zugrunde, die ihre Ergebnisse als allgemeingültig publizieren.

---

4 In Replikationen zeigte sich: weitgehend zu Recht.

Die Annahme b) war in den siebziger und achtziger Jahren des vorigen Jahrhunderts verbreitet. Zu einer Studienrätin mit zwei Kindern, mithelfendem Ehemann und Ehrenamt im Kirchenvorstand wurde eine Vergleichsperson gesucht, die entweder alle diese Charakteristika auch aufwies (Kontrollgruppe) oder das Gegenteil darstelle (Kontrast-Sample). Das nannte man *pairing*. Einige der Studien, die Kontrast-Sampling betreiben, suchen so auch heute ihre Kontrollfälle. Erst wenn man davon ausgeht, man kenne die für die Forschungsfrage relevanten Unterschiede gar nicht im Voraus, kommt man zur

Annahme c): Wer ernstnimmt, die relevanten Unterschiede zwischen Menschen nicht zu kennen,[5] kommt über kurz oder lang zu randomisierten kontrollierten Studien (RCTs), die allerdings nur eine einzige Verzerrungsgefahr unter allen Verzerrungsgefahren bewältigen: den ›Auswahl-Bias‹. Für Soziologinnen und Statistikerinnen, die Annahme a) oder b) einnehmen, sind RCTs ein völlig überflüssiger Aufwand.[6] Andere Verzerrungsgefahren als der ›Auswahl-Bias‹ – wie zum Beispiel die unzureichende Beschreibung einer Maßnahme und ihrer Kontexte oder die Auswahl eines nicht ganz relevanten Endpunktes (›outcomes‹) – sind durch eine RCT nicht bewältigt, sondern verlangen andere Methoden (Behrens, Langer 2004; Kelle, Kluge 2001; Kelle, Krones 2010). Für eine Beratung im Fall einer konkreten natürlichen oder juristischen Person reicht externe Evidence nie allein aus. Es bedarf des selbst forschenden Aufbaus individueller interner Evidence – unter Nutzung externer Evidence.

Curricula und Widmung von Professuren: veraltete Formen der Arbeitsteilung?

Der zweite Bereich, in dem die Überlegungen zur soziologischen Methodenausbildung von Dieckmann, Leitgöb et. al und auch Boll, Röhl und Schiek zu ergänzen wären, ist der zu Curricula und Arbeitsteilung zwischen den Professuren. Zwar sind die Autor:innen in ihrer Ist-Analyse sehr kritisch und schreiben bewundernswert Klartext. Aber ihre Vorschläge scheinen trotzdem noch einer Arbeitsteilung in den Fakultäten verhaftet zu sein, wie sie

---

5 Also sich das Phänomen unbeobachteter Heterogenität eingesteht.
6 Für Literatur zur internen Evidence siehe Behrens (2015; 2019), Raspe (2015) und Keuschnigg, Wolbring (2015).

sich in den letzten Jahrzehnten des vorigen Jahrhunderts herausgebildet hatte. Ihr »Beitrag fokussiert dabei auf den Bereich der quantitativen Methodenausbildung« schreiben Leitgöb et al. (2023: 330). Dass sie neue Daten in »(zunächst) nicht numerischer Form (zum Beispiel Social-Media-Nachrichten, Bilder, Video- und Audiospuren« (ebd.: 331) einbeziehen, ändert an dem gewählten Fokus nichts. Womöglich betonen sie deswegen, die neuen Daten seien nur »zunächst in nicht-numerischer Form«. Abgesehen davon, dass womöglich ihr Begriff von »qualitativen Methodenkompetenzen« nicht ganz dem von Boll, Röhl und Schiek (2024) entspricht, stimmen wir völlig ihrer Feststellung zu, die »kombinierte Vermittlung qualitativer und quantitativer Methodenkompetenzen« sei nötig (Leitgöb et al. 2023: 331). Aber wie ist diese »kombinierte Vermittlung« praktizierbar, wenn es nicht Lehrende gibt, die beide Kompetenzen in ihrer Person vereinigen? Innerhalb der quantitativen Methodenlehre kritisieren sie sehr nachvollziehbar, sie würde die »Schwerpunkte Datenerhebung, Datenanalyse und Statistik in voneinander weitgehend unabhängigen Lehrveranstaltungen« organisieren. »Vor diesem Hintergrund« sprechen sie sich für eine didaktische Ausgestaltung der Methodenausbildung aus, die den Fokus auf Integration legt und die isolierten Elemente von Beginn an systematisch zueinander in Beziehung setzt und miteinander verzahnt«. (ebd.: 334). In der Tat ist diese Verzahnung nur möglich, wenn die Lehrenden hinreichend kompetent in allen bisher isolierten Elementen sind, um die Beiträge aller Lehrenden nachvollziehen zu können. Denn die von Leitgöb et al. kritisierte mehrfache Trennung in je eigene Veranstaltungen ist inhaltlich schwerlich zu begründen und hochschuldidaktisch ein Hauptproblem im Soziologiestudium. Tatsächlich gibt es keine soziologische Methode, die nicht zumindest implizit theoriebasiert wäre. Vor allem gibt es keine ›Daten‹, deren Entstehung sich nicht einer inkludierenden und exkludierenden theoretischen Perspektive verdankt. Jede Benennung, jedes Wort schließt theorieabhängig andere Benennungen aus. Jede Wahl einer Forschungsmethode richtet sich zwingend nach einer soziologischen Theorie über den zu erforschenden Gegenstand.[7] Die Aufteilung des Zusammengehörigen in »weitgehend unabhängigen Lehrveranstaltungen« und Professuren verdankt sich einem hoffentlich überwundenen historischen Zustand soziologischer Institute im vorigen Jahrhundert, in denen die Kolleg:innen, die am Rechner saßen oder interviewten, andere waren als die, die über

---

7 Nur scheinbare Ausnahmen thematisieren wir im folgenden Abschnitt.

Theorien nachdachten und schrieben. Das war nicht nur in den großen Instituten so,[8] sondern auch im Frankfurter Institut für Sozialforschung. Neben Adorno wirkte Rudolf Gunzert als Professor und Abteilungsdirektor. Wie dogmatisch und selbstverständlich diese Trennung auch von DFG-Gutachter:innen noch in den achtziger Jahren gefordert wurde, erzählte Max Kaase gerne in einer anonymisierten Anekdote. Er war Gutachter für den Antrag eines neuen SFB. Nach Meinung seiner Mit-Gutachter:innen könne aus einem konkreten Projekt nichts werden, weil es keine klare Aufgabenteilung zwischen denen, die rechneten und interviewten, und denen gäbe, die sich um die Theorieentwicklung bemühten. Selbst die antragstellende Projektleiterin stünde sich mit ihrem Interesse an der Entwicklung interpretativ-hermeneutischer statistischer Methoden und ihrem Interesse an der Entwicklung soziologischer Theorie selbst im Wege. Ein solches Projekt könne nur scheitern.[9] Heute, denken wir, können alle Soziolog:innen über eine solche Geschichte aus fernster Vergangenheit nur lachen. Sicher gibt es in einem Forschungsteam einige, die sich in bestimmten Literaturen besser auskennen als andere. Aber, und das ist entscheidend, alle können nur dann fruchtbar zusammenarbeiten, wenn sie die Argumente der jeweils anderen verstehend nachvollziehen können. Sonst reden sie aneinander vorbei. Daher fordern Leitgöb et al. zwar sehr plausibel, »den Fokus auf Integration« zu legen und den »Forschungsprozess als ganzheitlichen Prozess« zu vermitteln, »den es konsequent a priori zu konzipieren gilt« (2023: 334). Mit dieser Forderung scheint es uns aber nicht vereinbar, dass sie überhaupt den Ausdruck »quantitative Methodenausbildung« akzeptieren und sich darauf fokussieren. Quantitative Methoden im Unterschied zu qualitativen Methoden kann es in der Soziologie gar nicht geben. Qualitativ kommt vom Lateinischen *qualis*, zu Deutsch: wie beschaffen. Quantitativ kommt von *quantum*: wie viele. Soziologie unterscheidet sich von der Algebra dadurch, dass ihr Gegenstand nicht reine Zahlentheorie, sondern die Gesellschaft ist. Sozialforschung ist Erforschung des Sozialen. Es erfüllte daher den Tatbestand schwerer Beleidigung, würde man eine soziologische Kollegin eine »quantitative Sozialforscherin« nennen, als würde sie sich nicht gegenstandsorientiert für das interessieren, was (*qualis*) sie zählt und rechnet, sondern nur fürs Zählen und Rechnen, egal ob Äpfel, Birnen, Frauen, Städte. Denn dann wäre

---

8 Wo mehr als 30 Computerfreaks neben zwölf ›Theoretiker:innen‹ wirkten.
9 Er, Max Kaase, habe daraufhin diplomatisch gesagt, im Allgemeinen könne das zutreffen, aber dieser besondere Fall sei eine seltene Ausnahme. Das Projekt wurde bewilligt.

sie zwar eine hochgeehrte Wissenschaftlerin in der Algebra oder einem anderen zahlentheoretischen Fach der mathematischen Fakultät, aber nicht im Fach soziologische Methoden. In der soziologischen Methodenlehre geht es immer um *qualis*, immer um Qualitäten. Die Grundlage aller soziologischen Methoden sind hermeneutisch-interpretative Verfahren, auch in der Statistik. Alle Gegenstände und vor allem alle ›Daten‹, mit denen sich Gesellschaften beschäftigen, sind theoretisch konstruiert, sei es durch die soziologisch Forschenden, sei es durch verwaltend Handelnde. Ohne höchst voraussetzungsvolle theoretische Perspektiven sind bereits ›Daten‹ wie Haushaltsgröße oder Zahl der Kinder im Haushalt gar nicht zu bilden oder zu verstehen. Insofern pflichten wir Boll, Röhl und Schiek (2024) wie den Beiträgen in Kalthoff, Hirschauer, Lindemann (2008) und vielen Kolleg:innen völlig bei, wenn sie »Theorie und Empirie […] in enger Verbindung zueinander« denken (Boll, Röhl, Schiek 2024: 55). Nicht zustimmen können wir ihnen aber, wenn sie dieses Zusammendenken nicht als Wesensmerkmal aller soziologischen Methoden sehen, sondern als besonderes Merkmal vor allem der qualitativen Sozialforschung (ebd.). Denn genau genommen ist jede sogenannte ›Datenerhebung‹ tatsächlich theoriegeleitete Generierung von ›Daten‹. Daher muss auch die fälschlich ›quantitative‹ genannte Sozialforschung den Kriterien genügen, die die ›qualitative‹ Forschung (ebd.: 55 ff.) für sich in Anspruch nimmt. Alle soziologischen Methoden der Sozialforschung müssen ›qualitative‹ sein, oder sie sind keine soziologischen Methoden – so ausdifferenziert die Kompetenzen der einzelnen Spezialistinnen ›qualitativer‹ Methoden auch sein mögen.

Bevor wir zur gedankenexperimentellen Veranschaulichung auf konkrete Schlussfolgerungen für die Berufungsfähigkeit auf Methoden-Lehrstühle kommen, muss vorbereitend auf didaktische Argumente eingegangen werden. Das Studium heißt vermutlich ›Studium‹ und nicht ›Professorium‹, weil die professoralen Curricula von begrenztem Einfluss auf das sind, was Studierende lernen. Was sie lernen, bestimmen Studierende schließlich selbst. Sie wählen aus. Diekmann und Leitgöb et al. scheinen davon auszugehen, Curricula bestimmten, was Studierende lernen. Aber gibt es dafür empirische Evidenz? Zwar haben Studien- und Prüfungsordnungen einen gewissen Einfluss darauf, was Studierende kurzzeitig in einer Prüfung parat haben.

Das kann aber bald nach der Prüfung wieder vergessen sein. Langfristig gelernt ist, was eigene Handlungs-Probleme lösen kann.[10] Didaktisch empfiehlt sich daher folgende Reihenfolge für Studierende: Erst die Identifikation von drängenden theoretischen Problemen der eigenen erwarteten soziologischen Praxis, dann Erörterung der Methoden, wie sie zu untersuchen sind, und ihr Ausprobieren in eigener Praxis. Die umgekehrte Reihenfolge, erst Methoden, dann Fragen und Theorien, lässt die Methodenveranstaltung leicht als lediglich prüfungsrelevante Schikane erscheinen.

Wenn es, wie Leitgöb et al. schreiben, jeweils voneinander unabhängige Lehrstühle und Prüfungen für ›quantitative‹ und ›qualitative Methoden‹, für Datenerhebung, Datenanalyse und Theorie gibt, liegt es für Studierende nahe, darin ein Menu zu sehen: Als könnten sie sich nach dem Erwerb minimaler Grundlagen in den genannten ›Fächern‹ entweder auf fälschlich so genannte ›quantitative‹ *oder* auf ›qualitative‹ Methoden konzentrieren *oder* auf Theorie. Dann wählen sie aber in ihrer späteren Praxis nicht mehr Methoden nach ihrer Angemessenheit für einen theoretischen Gegenstand, sondern danach, welche Methoden sie besonders gut beherrschen. Nichts könnte (nicht nur) in der Perspektive der Grounded Theory unsinniger und falscher sein.[11]

Obwohl sie die Theorieabhängigkeit aller ›Daten‹ betonen, scheinen auch Boll, Röhl und Schiek erstaunlicherweise an der Arbeitsteilung des vorigen Jahrhunderts in Theorie, quantitative und qualitative Methoden festzuhalten; sie nehmen für sich explizit die besondere »Perspektive der qualitativen Sozialforschung in Anspruch«. Sie akzeptieren die Unterscheidung in »quantitative *und* qualitative Anteile«, die »gleichberechtigt und ausgewogen« planvoll vermittelt werden sollen (Boll, Röhl, Schiek 2024: 57; Herv. i. O.). Eigentlich war stattdessen von ihnen nach ihren eigenen Ausführungen die Position zu erwarten, alle Methoden, soweit es sich überhaupt um soziologische oder ökonomische handelt, seien ›qualitativ‹, also theoriegeleitet interpretativ-hermeneutisch. Da Boll, Röhl und Schiek diese Position nicht einnehmen, müssen wir sie einnehmen.

---

10 Daher lesen und behalten Patient:innen und ihre Angehörigen wesentlich gründlicher Cochrane-Reviews als Studierende der Sozial- und Gesundheitswissenschaften und der Medizin, denn Patient:innen wollen keine Prüfung bestehen, sondern möglichst gesund überleben.

11 Zu erinnern ist: In der ersten Auflage der Grounded Theory beschrieben Glaser und Strauss ihr Buch als Grundlage allgemeiner empirischer soziologischer Forschung, nicht als Grundlage einer speziellen ›qualitativen‹ Unterabteilung (Glaser, Strauss 1967).

Als Ergänzung zu den Vorschlägen von Dieckmann, Leitgöb et al. sowie von Boll, Röhl und Schiek ergeben sich – vielleicht nicht gleich als Forderung, sondern zunächst zur gedankenexperimentellen Veranschaulichung der Kompetenzen – einige Bedingungen für die Berufungsfähigkeit von Bewerber:innen auf Professuren für soziologische Methoden. Sie sollen im interdisziplinärem soziologischen Team die Argumente ihrer Kolleg:innen nachvollziehend verstehen können. Denn sonst reden sie als Schulen-Vertreter:innen aneinander vorbei. Für das nachvollziehende Verstehen ist als Indikator gut, wenn sie sowohl in soziologischer ›Theorie‹ als auch in fälschlich so genannten ›quantitativen Methoden‹ als auch in so genannten ›qualitativen Methoden‹ veröffentlicht haben. Wenn man unterschiedliche Validierungsstrategien und unterschiedliche Validitätskonzepte hat, kommt man nur dann zu einer »Integration qualitativer und quantitativer Forschungsmethoden« (Kelle, Kluge 2001), wenn alle Beteiligten die unterschiedlichen Validierungsstrategien verstehen und beurteilen können. Vielleicht sollten gar keine Methoden-Professuren mehr ausgeschrieben werden, sondern nur noch verschieden spezialisierte Professuren für »Theorien und Methoden der Soziologie«. Das wäre logisch inhaltlich angemessen. Vor allem aber sollen Professorinnen und Professoren den Unterschied und seine soziologische Relevanz zwischen der oben beschriebenen externen und internen Evidence kennen und beide aufbauen können. Denn dann wird die voraussichtlich mehrheitliche Berufspraxis der Absolvent:innen in ihrer erkenntnistheoretischen und methodischen Relevanz schon im Studium sichtbar. Ohne überzeugende Relevanz lernen Menschen wenig – ganz im Unterschied zu algorithmisch steuerbaren Maschinen.

»ML«, induktive, deduktive und abduktive Theoriebildung

Der Vergleich mit ›lernenden‹ Maschinen führt zu einem Bereich, dem Diekmann, Leitgöb et al. und Boll, Röhl und Schiek breiten Raum geben. Sehr nachvollziehbar sprechen sich sowohl Diekmann als auch Leitgöb et al. für die Vermittlung von Computational Social Science, für die Vermittlung von ML-Modellierungsstrategien[12] und ferner dafür aus, von Anfang an im Studium universelle Statistiksoftwarepakete zu verwenden. Auch Boll, Röhl

---

12 Hier ist mit ML ›Machine Learning‹ gemeint, nicht ›Marxismus-Leninismus‹.

und Schiek begrüßen »neue Möglichkeiten, interpretative Verfahren mit Unterstützung von maschinellem Lernen durchzuführen [...] und Zusammenfassungen von codierten Segmenten erstellen zu lassen« (2024: 56). Angesichts der Verbreitung von MAXQDA wäre eine andere Stellungnahme auch überraschend.

Allerdings sind bei diesem breiten Konsens zwei Implikationen zu diskutieren: Erstens setzt die Arbeit mit den sogenannten neuen Daten, die genaugenommen den alten prozessgenerierten Routinedaten ähneln, geradezu ethnologische Kenntnisse voraus, wie solche Daten konstruiert, also generiert, gesammelt und weitergegeben wurden. In der Soziologie gibt es seit mindestens 50 Jahren Erfahrungen mit prozessgenerierten Massendaten, die erst heute Big Data heißen, zum Beispiel die 117.000 tagesaktuellen Berufs- und Gesundheitsverläufe und die über 11.000 Betriebsverläufe, die in prozessgenerierten Daten der »AOK Küstenstadt« und der Rentenversicherung analysiert wurden (Schmidt-Ohlemann, Behrens 1987; Behrens, Elkeles, Schulz 1998; Behrens, Zimmermann 2017). Da die Daten nicht von den Forschenden definiert und erhoben wurden, haben sie vielleicht den Vorteil, keinen *response bias* auf die Forschenden zu haben. Sie sind aber selbstverständlich von den Zwecken und Theorien der Daten Erhebenden und den Strategien der Daten Mitteilenden geprägt. Schon vor fast 30 Jahren gab es Lehrbücher, wie man damit – gewissermaßen ethnologisch – umgeht (von Ferber, Behrens 1997). Wie Ethnologen mussten die Forschenden genau die theoretischen Perspektiven, die finanziellen Anreize und Kosten hermeneutisch-interpretativ kennenlernen, unter denen diese ›Daten‹ generiert und weitergegeben wurden: Erst mit diesem Wissen erwiesen sich die ›Daten‹ als interpretierbar. 20 bis 25 Jahre später entstanden weitere Lehrbücher zu *critical data studies* (zum Beispiel Kitchin, Lauriault 2014) und Lehrtexte zur Arbeit mit digital verarbeiteten Daten (Schaeffer, Lieder 2023).

Denn die *data infrastructure literacy* (Gray, Gerlitz, Bounegru 2018) ist in der Tat eine ebenso mühsam wie das Lesenlernen zu erwerbende, unverzichtbare Voraussetzung dafür, irgendeine Art ›prozess-generierter Daten‹ vertrauenswürdig auswerten zu können. Daher ist es verständlich, wenn Boll, Röhl und Schiek gerne auf ›Daten‹ setzen, in deren Generierung die Forschenden selbst involviert waren: »Denn bei der Nutzung von Daten Dritter verfügen wir nur über einen begrenzten Einblick in deren kontextgebundene Genese. Dies lässt sich auch durch sorgfältige Bereitstellung von Metadaten und Kommentaren nur bedingt einholen.« (2024: 55) Dem ist zweifellos zuzustimmen. Allerdings geht es uns Sozialforschenden auch bei den von uns selbst generierten Daten so, dass unser »Einblick in deren kontextgebundene Genese« nur »begrenzt« ist. Wichtige Kontexte der selbstgenerierten Daten durchschaut man frühestens im biographischen Rückblick.[13] Wie Alfred Schütz bereits 1932 im Anschluss an Husserl in »Der sinnhafte Aufbau der sozialen Welt« zeigte, entsprechen die Regeln des »Fremdverstehens« doch sehr den Methoden, mit denen wir uns selbst zu verstehen versuchen. Das ist besonders relevant, weil sich fast alle ›selbstgenerierten Daten‹ weitestgehend experimentellen Interventionen verdanken. Das ist seit Jahrzehnten am ›Interview‹ erörtert worden. Eine Äußerung (Artefakt) im experimentellen ›Interview‹ ist derartig voraussetzungsvoll und kontextgebunden, dass der Schluss auf Erlebnisse, Handlungen und ›Einstellungen‹ außerhalb der Interviewsituation naiv gar nicht möglich ist und umfangreicher Prüfungen bedarf (Schütze 1996; Behrens 1983; ähnlich Boll, Röhl, Schiek 2024). Der Unterschied zwischen prozessgenerierten und von Forschenden selbst generierten Daten ist nicht groß, was die Mühen angeht, ihre Kontextgebundenheit zu prüfen und sie im Sinne von Alfred Schütz zu verstehen. Mindestens ebenso wichtig ist eine zweite Implikation, die Leitgöb et al. mit begrüßenswerter Explizitheit ansprechen:

»Die wissenschaftliche Verfahrensweise unterscheidet sich im ML grundlegend von der traditionell prüfenden Statistik. An die Stelle einer auf soziologischer Theorie basierten statistischen Modellierung mit mathematischer Grundlage tritt ein iterativer Trial-and-Error-Prozess, in dem ein Algorithmus nach Festlegung von Hyperparametern über wiederholte Tests jene Modellspezifikation als exploratives Ergebnis liefert, die nach vorgegebenen Kategorien die beste Passung an die Daten aufweist. Theoretische Erklärungen werden einer induktiven Logik des Erkenntnisgewinns folgend nachgereicht oder gar nicht angeboten. Für die soziologische Methodenausbildung erscheint es daher essenziell, die Studierenden für die fundamentalen Unterschiede zwischen explorativer (induktiver) und theoriegeleiteter (deduktiver) Datenanalyse und deren Implikationen für Erkenntnisfortschritt und Theorieentwicklung zu sensibilisieren.« (2023: 333).

Zu dieser Sensibilisierung gehört allerdings die Frage, ob Menschen eine theorielose Erfahrung, eine theorielose Exploration, die induktiv genannt werden kann, überhaupt möglich ist. Bereits die Benennung des maschinellen Verfahrens bei Leitgöb et al. als »induktive Datenanalyse« weckt bei Studierenden und allen Kolleg:innen eine Hoffnung, die wohl nicht zu erfüllen ist: Es ist ein alter Menschheitstraum, zumindest eine alte Hoffnung aller

---

13 Nur ein allwissender Gott verfügte jederzeit über einen unbegrenzten Einblick in die kontextgebundene Genese von ›Daten‹. Nicht alle Soziologinnen sind allwissende Göttinnen.

Erkenntnistheoretiker:innen, die Welt teile sich durch alle ihre Erscheinungen den Menschen induktiv mit, es gäbe eine adäquate Methode der Induktion, mit der man zu wahren Erkenntnissen kommen könne. Rudolf Carnap hat nach vielen heroischen Versuchen diese Hoffnung auf eine einzige adäquate induktive Methode aufgegeben (Carnap 1950; 1959). Am Ende seines Lebens hat Carnap die Suche nach einer solchen induktiven Methode durch die Suche nach praktischen Ratschlägen ersetzt, wie Menschen unter Ungewissheit, Unsicherheit und Risiko zu rationalen Entscheidungen kommen könnten. Statt Induktion also Entscheidungslogiken unter Ungewissheit (Carnap 1959; Mainzer 1980; Behrens 2019). Auch Poppers Versuch in seiner Kritik an Carnap, auf die generalisierende Induktion zu verzichten und sie durch eine anderes Erkenntnisverfahren, den Falsifikationismus als negative Bewährungstheorie, zu ersetzen, kann die Handlenden nicht ganz befriedigen (Popper 1971; Lumer 2021): Denn alle im Umlauf befindlichen prinzipiell falsifizierbaren theoretischen Erwartungen, die bisher nicht falsifiziert wurden, für bislang *negativ bewährt* zu halten, ergäbe eine viel zu große Anzahl bisher nicht widerlegter universeller Hypothesen, als dass jemand sich in seinem Handeln danach richten könnte. Handelnde kommen gar nicht umhin, sich unter fortbestehender Ungewissheit für eine Auswahl der noch nicht falsifizierten theoretischen Erwartungen zu entscheiden.

Handlungen sind von Wirkungserwartungen geleitet, also theoriegeleitet. Ohne Erwartung einer Wirkung würde fast niemand eine Hand heben. Die Wirkungserwartungen können falsch sein, und oft scheitern sie. Das gilt nicht nur für Handlungen, sondern bereits für Wahrnehmungen. Der Mensch ist gar nicht fähig, ohne theoretische Erwartung etwas wahrzunehmen, zum Beispiel zweidimensionale Flächen (Fassaden, Bretter) als ein dreidimensionales Haus zu sehen. Jede Wahrnehmung ist implizit oder explizit theoretisch fokussiert, ist eine theoriegeleitete Auswahl aus allem Wahrnehmbaren. Zwischen Reiz und Reaktion / steht die Interpretation: Mit diesem Reim lässt sich Peirces von Jakob beziehungsweise Thure von Uexküll (1973; 1990) verbreitete Erkenntnis zusammenfassen. Das gilt nicht nur für die Soziologie, sondern auch Hirnphysiologen haben die Vermutung belegen können, dass alle Menschen im Alltag (Singer 2002, Behrens 2019) – womöglich auch alle Tiere (von Uexküll 1973) – theoriegeleitet wahrnehmen und ihre Erwartungen in Versuch und Irrtum fortentwickeln. Anthropologisch ist es Menschen – im Unterschied zu einem allwissenden Gott – gar nicht möglich, induktiv alles ganzheitlich zu erfassen, also induktiv

Wahrnehmungen zu einem tatsächlichen vollständigen Bild der Welt zu generalisieren. Menschen fokussieren ihren Blick stattdessen mit Erwartungen, die sich oft als falsch erweisen und die Erwartenden zwingen, zu neuen Erwartungen fortzuschreiten. Dabei verdanken sich regelmäßig bereits die ›Daten‹, an die Modelle optimal mit ML angepasst werden sollen, den theoretischen Konstruktionen, Sammlungen und Weiterleitungen der jeweiligen Verwaltungen und Akteure. Die Kenntnis und Reflexion dieser theoretischen Konstruktionen, Sammlungen und Weiterleitungen von Akteuren ist – siehe die oben dargestellte erste Implikation – mühsam zu erlernen, wenn man die Daten interpretieren können will. Hier von einem generellen induktiven Verfahren zu sprechen, ist unberechtigt und eher verwirrend.

Die Theorieabhängigkeit bereits von ›Daten‹, also nicht erst ihrer Auswertung und Interpretation zu betonen, erscheint aus folgendem Grund für Curricula und das Verständnis studentischen Handelns wichtig. Schon vor mehr als 50 Jahren bevorzugten zahlreiche Studierende in ihrer Forschungspraxis genau die Haltung, die Leitgöb et al. (2023) als neue »induktive Datenanalyse« benennen. Seit es SPSS gab, ließen einige Studierende zunächst *all by all*[14] über die Daten laufen, um dann die gefundenen Korrelationen und Zusammenhänge als die aus der Theorie entwickelte und deduktiv geprüfte Hypothese darzustellen.

Die (nur scheinbar induktive) Mustererkennung ist, wie zuerst Snow und Budd (1849), zuletzt Nassehi hervorgehoben haben, das identitätsstiftende Verfahren der Soziologie (Nassehi 2019; Behrens 2019; 2021). Für sie eignet sich ML besonders gut, weil Maschinen, solange der Strom nicht ausfällt, weder gelangweilt sind noch ermüden. Allerdings werden sich in solchem Ausmaß Scheinkorrelationen zeigen, dass der frühere Leiter von Cochrane Deutschland schon fragt, wo das Personal denn herkommen soll, dass alle gefundenen Muster (inklusive Scheinkorrelationen) prüft. Vor allem sind die Daten, an die ML die Modellspezifikationen bestmöglich iterativ anpassen soll, Produkte theoretischer Konstruktionen – von der Theorieabhängigkeit der Auswertung und ihrer Interpretation ganz zu schweigen. Die Buchstabenfolgen oder Pixel, mit denen die Maschinen gefüttert (»trainiert«) werden, führen zu Korrelationen, mit denen in LLMs errechnet werden kann, was die mehr oder weniger wahrscheinliche nächste passende Buchstaben- oder Pixelfolge sein könnte – ohne dass die Maschine »verstünde«, worum es überhaupt geht. Sie identifizieren keine Regeln, sondern generalisieren Beispiele. ›Lernende‹ Maschinen unterscheiden sich von nicht lernenden, hard-

---

14 Alle Verfahren über alle Variablen.

coded Maschinen wie zum Beispiel Taschenrechnern, bei denen ein und dieselbe Eingabe immer zum exakt demselben Ergebnis führt. Lernende Maschinen erstellen für ihre Trainingsdaten und die damit wahrscheinlich zu erwartenden nächsten Buchstabenfolgen dagegen immer weitere, aber immer lediglich probabilistische Modelle. Daher führt nicht jede Eingabe (input) zum selben Ergebnis (output), weil die Ergebnisse nicht nur durch den Input, sondern auch durch mehr oder weniger unbekannte innere Zustände bestimmt werden, wie schon von Foerster (1984: 10) die Black Box solcher Maschinen beschrieb. Solche Outputs können sehr anregend sein, wie viele Zufallsfunde es sind. Maschinen ersparen auch viel Such- und Dokumentationszeit. Die Arbeit der Interpretation der eingegebenen theoriefixierten ›Daten‹ und die Arbeit der Kausalitätsprüfung der ermittelten Korrelationen und probabilistischen Modelle ersparen sie den Soziolog:innen nicht.

Die damit verbundene Arbeit können sich Soziolg:innen an einem Bereich der Gesellschaft besonders anschaulich klarmachen. Ein gesellschaftlicher Bereich scheint höchstgeeignet für die von *idealen* automatischen ML-Maschinen erzeugten Resultate: Das ist die Rechtsprechung. Denn das jedem Studierenden vermittelte Ideal der Rechtsprechung lautet: Es gibt ein und nur ein richtiges Urteil, das unter Berücksichtigung aller Rechtstexte und Sachverhaltstexte einen methodisch ermittelten Sachverhalt richtig unters Gesetz subsumiert. Wenn verschiedene Richter zu verschiedenen Urteilen kämen, läge das nur daran, dass einige Richter einige relevante Texte übersahen. Wenn unterschiedliche Richter alle Texte vollständig einbezögen, kämen alle Richter zum selben, einzig richtigen Urteil. Soweit das Ideal. Im Einbezug ermüdend großer Mengen von Texten ist das ML, solange der Strom nicht ausfällt, Menschen weit überlegen. Der ideale Richter ist also so etwas wie eine ML-Maschine, ohne jede Befangenheit und Black-Box-Intransparenz im Urteilen. In der Tat klingen mit ML produzierte Urteile und Gutachten schon heute eindrucksvoll plausibel. Aber, wie der Anwalt und Geschäftsführer des *German Legal Tech Hub*s Jörg Offenhausen schreibt:

»Noch hat die KI ein Grundproblem – und zwar die KI-Halluzinationen: Wenn die KI etwas nicht weiß, dann denkt sie sich etwas aus.[15] Wobei das Ausgedachte so gut klingt, dass man glauben könnte, es sei richtig. Ist es aber nicht. Es kommen falsche Ergebnisse heraus, und wir als Anwälte haften für falsche Ergebnisse.« (2023: 18)

---

[15] Genau wegen dieser Fähigkeit zur Fortschreibung schätzen wir ja ML-Maschinen, die Offenhausen in seinem Text völlig unangemessen, aber sehr üblich, vermenschlicht zur »Intelligenz«, die »denkt« und »halluziniert«, wenn auch »künstlich«.

Auch Soziolog:innen und Sozialwissenschaftler:innen einschließlich Ökonom:innen »haften« für ihre Ergebnisse oder sollten für sie haften. Je besser die Muster aussehen und die Ergebnisse klingen, umso schwerer, aber auch notwendiger ist es für Soziolog:innen wie Jurist:innen, die Prozesse der ML-Maschinen selbst nachzuvollziehen und zu kontrollieren. Das geht am besten, wenn man sich die theoretischen Annahmen in den Trainings›daten‹ und in den automatisierten Prozessen klarmacht.

Das ist leichter gesagt als getan. Sprichwörtlich für ML ist, wie wir bei von Foerster schon 1984 lasen, ihre Black Box-Eigenschaft: Wie genau in ihrer Box aus all den ihnen vorgegebenen Algorithmen und theorielastigen Trainingsdaten automatisch Auswertungswege fortgeschrieben werden, ist für die Personen, die die ersten Algorithmen schrieben und die Traingsdaten eingaben, oft nicht nachvollziehbar. Damit sind auch die Ergebnisse nicht wirklich kontrollierbar. Die Initiatoren wissen nur, ihre ›Daten‹ und ›Benennungen‹, die sie eingaben, sind extrem theorielastige Konstrukte; und die maschinellen Fortschreibungen können diese Theorieabhängigkeit der inkludierenden und exkludierenden Benennungen (›Daten‹) keinesfalls auflösen. Mit welchen probabilistischen Modellen und theoriefixierten Daten die Black Boxes ihre Algorithmen fortschreiben, wissen sie nicht. Programme, die zukünftig Licht in die Black Boxes bringen und die Annahmen leichter nachprüfbar auflisten, sind eine Voraussetzung dafür, dass Juristinnen und Juristen wie Jörg Offenhausen sowie Soziolog:innen und Ökonom:innen die Maschinen für nachvollziehbare Analysen nutzen können.

Eines lässt sich aber schon heute sagen, da alle drei zitierten Beiträge in der SOZIOLOGIE im unterschiedlichen Ausmaß die Befürchtung ausdrücken, eine veraltete Ausbildung in soziologischen Forschungsmethoden könne die Soziologie Studierenden in der Konkurrenz aller anderen Auswertenden von (Sozial-)Daten ins Hintertreffen geraten lassen. In dieser Befürchtung drückt sich der enorme Verbreitungserfolg der Soziologie seit 1960 aus. Während die Soziologie vorher ein Orchideenfach für wenige Intellektuelle war, infizierte sie seitdem mindestens zwölf weitere Fächer mit ihren Forschungsmethoden und Theorien. Sie alle lernten, Daten zu generieren und Muster in ihnen zu erkennen. Was befähigt Soziologie Studierende dazu, in dieser Konkurrenz der anderen Fächer, auch der Computational Social Sciences, zu bestehen und sinnvolle Beiträge zu leisten? Es ist ihre Erfahrung mit Theorien, die allen Daten zu Grunde liegen.

Fazit: Eine Methodenausbildung, die zu den häufigsten von Soziolog:innen und Sozialwissenschaftler:innen einschließlich Ökonom:innen ausgeübten Professionstätigkeiten beiträgt, nämlich die klientenbezogene individuelle Beratung und Information natürlicher oder juristischer Personen, sieht die Theorieabhängigkeit aller ›Daten‹ und befähigt zum Aufbau klientenspezifischer *interner* Evidence unter Nutzung aller *externen* Evidence. Ob für diese Methodenausbildung wirklich die Aufteilung des vorigen Jahrhunderts in Theorie- und Methodenlehrstühle und letztere in ›quantitative‹ und ›qualitative‹ Methoden noch förderlich ist, verdient eine kritische Diskussion. Alle Methoden, die für die Analyse soziologischer und sozialwissenschaftlicher einschließlich ökonomischer Gegenstände taugen können, sind ›qualitative‹, das heißt theoriegeleitete hermeneutisch-interpretative Verfahren. Sie lernt man am besten praktizierend. In diese Praxis werden alle Verfahren inkludiert, die einem theoretischen Gegenstand angemessen sind. Dazu bedarf es Zeit im Studium. Die alte Hoffnung, statt abduktiver und deduktiver Untersuchungspläne *induktive* nutzen zu können, erfüllt sich wohl nicht, weder für explorative, noch für kausal interpretierende Analysen. Dabei können ›lernende‹ Maschinen sehr nützlich werden, sofern es einmal gelingt, Licht in diese Black Boxes zu werfen und die theoretischen Annahmen zu erkennen, die in die Fortschreibung ihrer Algorithmen eingehen.

Literatur

Behrens, Johann 1983: »Bedürfnisse« und »Zufriedenheiten« als Statussysmbole und Anrechte. Lehren aus einem Panel für Bedürfnistheorie und Planung. In Karl Otto Hondrich / Randolph Vollmer (Hg.), Bedürfnisse. Stabilität und Wandel. Theorie, Zeitdiagnose, Forschungsergebnisse, Opladen: Leske und Budrich, 193–244.

Behrens, Johann 2015: ›Natürlichkeit‹ und ›Generalisierbarkeit‹ sozialwissenschaftlicher Feldexperimente. Verallgemeinerungen zu externer und interner Evidence. In Mark Keuschnigg / Tobias Wolbring (Hg.), Experimente in den Sozialwissenschaften, Soziale Welt Sonderband 22, Baden-Baden: Nomos, 246–267.

Behrens, Johann 2019: Theorie der Pflege und der Therapie, Bern: Hogrefe.

Behrens, Johann 2021: Wann trägt »Digitalisierung« etwas bei zum UN-Nachhaltigkeitsziel 3 »Gesundheit und Wohlergehen?« In Frank Schmiedchen / Klaus Peter Katzer / Jasmin S.A. Link / Heinz Stapf-Finé (Hg.), Kompendium zu Technikfolgen von Digitalisierung, Vernetzung und Künstlicher Intelligenz, Berlin: Logos, 211–228

Behrens Johann/ Elkeles, Thomas/ Schulz, Detlef 1998: Begrenzte Tätigkeitsdauer und relative Gesundheit – Berufe und betriebliche Sozialverfassungen als Ressourcen für Tätigkeitswechsel. In Walter R. Heinz (Hg.), Was prägt Berufsbiographien? Lebenslaufdynamik und Institutionenpolitik. Nürnberg: IAB (BeitrAB 215), 196–228.

Behrens, Johann / Langer, Gero 2004: Evidence-based Nursing. Vertrauensbildende Entzauberung der »Wissenschaft«. Bern: Huber.

Behrens, Johann / Langer, Gero 2022: Evidence-based Nursing and Caring. Methoden und Ethik der Pflegepraxis und Versorgungsforschung. Bern: Hogrefe.

Behrens, Johann / Zimmermann, Markus 2017: Sozial ungleich behandelt? A. Sens und P. Bourdieus Theorien und die soziale Ungleichheit im Gesundheitswesen – am Fallbeispiel präventiver Rehabilitation. Bern: Hogrefe.

Boll, Tobias / Röhl, Tobias / Schiek, Daniela 2024: Re-Orientierung in der soziologischen Methodenausbildung. SOZIOLOGIE, 53. Jg., Heft 1, 46–59.

Carnap, Rudolf 1950: Logical Foundations of Probability, Chicago: University Press.

Carnap, Rudolf 1959: Induktive Logik und Wahrscheinlichkeit. Wien: WVA.

Cronbach, Lee J. 1982: Designing Evaluations of Educational and Social Programs, San Francisco: University Press.

Diekmann, Andreas 2023: Neuorientierung der Methoden-Ausbildung. SOZIOLOGIE, 52. Jg., Heft 1, 68–71.

Garnadt, Niklas 2024: Konsens und Dissens in der evidenzbasierten Politikberatung. Wirtschaftsdienst Analysen, 104. Jg., Heft 1, 34–37.

Glaser, Barney G. / Strauss, Anselm L. 1967: The Discovery of Grounded Theory. Strategies for Qualitative Research. Chicago: Aldine Publishing Company.

Gray, Jonathan / Gerlitz, Carolin / Bounegru, Liliana 2018: Data infrastructure literacy. Big Data & Society, vol. 5, no. 2, 1–13.

Kalthoff, Herbert / Hirschauer, Stefan / Lindemann, Gesa (Hg.) 2008: Theoretische Empirie. Zur Relevanz qualitativer Forschung. Frankfurt am Main: Suhrkamp .

Kelle, Udo / Kluge, Susanne 2001: Validitätskonzepte und Validierungsstrategien bei der Integration qualitativer und quantitativer Forschungsmethoden. Weinheim: Juventa.

Kelle, Udo / Krones, Tanja 2010: »Evidence based Medicine« und »Mixed Methods« – wie methodologische Diskussionen in der Medizin und den Sozialwissenschaften voneinander profitieren könnten. ZEFQ, 104. Jg., Heft 10, 630–635. .

Kitchin, Rob / Lauriault, Tracey 2014: Towards Critical Data Studies: Charting and Unpacking Data Assemblages and Their Work. The Programmable City Working Paper 2.

Leitgöb, Heinz / Petzold, Knut / Wolbring, Tobias / Blom, Annelies G. 2023: Zur Neuorientierung der soziologischen Methodenausbildung. Weiterführende Überlegungen. SOZIOLOGIE, 52. Jg., Heft 3, 330–339.

Lumer, Christoph 2021: Induktion. In Hans Jörg Sandkühler (Hg.), Enzyklopädie Philosophie, Band 2. Hamburg: Felix Meiner, 1097–1105.

Mainzer, Klaus 1980: Pragmatische Grundlagen mathematischen Argumentierens. In Carl F. Gethmann (Hg.), Theorie des wissenschaftlichen Argumentierens, Frankfurt am Main: Suhrkamp, 292–312.

Nassehi, Armin 2019: Muster. Theorie der digitalen Gesellschaft. München: Beck.

Offenhausen, Jörg 2023: Top Interview. Karriereführer recht, 21. Jg., Heft 2, 16–19.

Popper, Karl R. 1971: Conjectural Knowledge. My Solution of the Problem of Induction. Revue internationale de philosophie, vol. 25, 167–197.

Raspe, Heiner 2015: Standpunkt: »Der Nächste bitte« – Anmerkungen zur Indikationsstellung in der klinischen Medizin. ZEFQ, 109. Jg., Heft 1, 46–50.

Schaeffer, Burkhard / Lieder, Fabio Roman 2023: Distributed interpretation – teaching reconstructive methods in the social sciences supported by artificial intelligence. Journal of Research on Technology in Education, vol. 55, no. 1, 111–124.

Schmidt-Ohlemann, Matthias / Behrens, Johann 1987: Verläufe von Erkrankungen des Bewegungsapparates und berufliche Mobilitätsprozesse. In Ernst Otto Krasemann / Ulrich Laaser / Elisabeth Schach (Hg.), Sozialmedizin. Schwerpunkte: Rheuma und Krebs, Berlin etc.: Springer, 163 – 176.

Schütz, Alfred 1981 [1932]: Der sinnhafte Aufbau der sozialen Welt. Eine Einleitung in die verstehende Soziologie. Frankfurt am Main: Suhrkamp.

Schütze, Fritz 1996: Organisationszwänge und hoheitsstaatliche Rahmenbedingungen im Sozialwesen. Ihre Auswirkungen auf die Paradoxien des professionellen Handelns. In Arno Combe / Werner Helsper (Hg.), Pädagogische Professionalität. Untersuchungen zum Typus pädagogischen Handelns. Frankfurt am Main: Suhrkamp, 183–275.

Singer, Wolf 2002: Der Beobachter im Gehirn. Essays zur Hirnforschung. Berlin: Suhrkamp.

Snow, John / Budd, William 1849: The Mode of Communication of Cholera, London: Royal.

von Ferber, Lieselotte / Behrens, Johann (Hg.) 1997: Public Health Forschung mit Gesundheits- und Sozialdaten – Stand und Perspektiven. Sankt Augustin: Asgard.

von Foerster, Heinz 1984: Principles of Self-Organization in a Socio-Managerial Context. In Hans Ulrich / Gilbert J.B. Probst (eds.), Self-Organization and Management of social Systems. Berlin: Springer, 2–24.

von Uexküll, Jakob 1973: Theoretische Biologie. Frankfurt am Main: Suhrkamp.

von Uexküll, Thure 1990: Lehrbuch der Psychosomatischen Medizin. München: Urban & Schwarzenberg.

Wolbring, Tobias / Keuschnigg, Mark 2015: Feldexperimente in den Sozialwissenschaften. Grundlagen, Herausforderungen, Beispiele. In Mark Keuschnigg / Tobias Wolbring (Hg.), Experimente in den Sozialwissenschaften, Soziale Welt Sonderband 22, Baden-Baden: Nomos, 219–245.

Stellungnahme zur geplanten Schließung des Hamburger Instituts für Sozialforschung

Die vom Stifter Jan Philipp Reemtsma im Januar 2024 angekündigte Schließung des Hamburger Instituts für Sozialforschung (HIS) mitsamt der dort angesiedelten Publikationsforen und Forschungsinfrastrukturen zum Jahr 2028 hat bei Sozial- und Zeithistoriker:innen sowie in den Sozialwissenschaften große Betroffenheit ausgelöst.

Das HIS ist in der deutschsprachigen soziologischen und geschichtswissenschaftlichen Forschungslandschaft von großer Bedeutung. Die Schließung des HIS würde für diese auch gesellschaftlich wichtigen Forschungskontexte einen herben Verlust darstellen. Das gilt sowohl mit Blick auf die enorme intellektuelle und aufklärerische Wirkkraft des Instituts als auch mit Blick auf die dort über Jahre hinweg gewachsene wissenschaftliche Kompetenz sowie die nachhaltige Infrastruktur für Publikationen, Debatte und ›public science‹-Formate.

In der interdisziplinären Forschung zu Gewalt, Folter und Krieg nimmt das HIS seit Jahrzehnten eine Schlüsselstellung ein; es hat sich dabei nicht zuletzt um die Aufarbeitung politischer Gewalt in der deutschen Geschichte verdient gemacht. Dies zeigt sich etwa bei den Ausstellungen zu den Verbrechen der Wehrmacht (in den 1990ern und 2000ern), die eine erinnerungspolitische Weichenstellung waren, und die das Geschichtsbewusstsein in Deutschland nachhaltig zum Besseren verändert hat. In den letzten Jahren ist es am HIS zudem gelungen, neue und hochrelevante Themenfelder unter Einbeziehung der historischen Dimension zu erschließen, insbesondere zur Krise von Demokratie und Staatlichkeit oder zu Recht und Gesellschaft. Sollte das HIS geschlossen werden, entfiele diese relevante Forschung und Vermittlungsarbeit.

Seit seiner Gründung 1984 hat das HIS engagiert und kontinuierlich auch die historische Forschung in Deutschland gefördert und eine Reihe wegweisender Arbeiten hervorgebracht. Die im Lauf der Jahre gewachsene interdisziplinäre Kooperation am Institut hat ein hierzulande einzigartiges Gespräch zwischen Sozial- und Geschichtswissenschaften ermöglicht und damit auch weit über Deutschland hinausgewirkt. Das HIS hat es dabei verstanden, internationale Forschungszusammenhänge aufzubauen. Angesichts der Relevanz der aktuell beforschten Themen zur Geschichte rechter Gewalt, zur Konstruktion Europas und auch zu den Dynamiken der Geldpolitik wäre die ersatzlose Schließung des Instituts ein schwerer Schlag für die deutsche und internationale historische und sozialwissenschaftliche Forschung zu Themen, die für Gegenwart und Zukunft von größter Bedeutung sind.

Hinzu kommt, dass das HIS Forschungsinfrastrukturen und Publikationsforen zur Verfügung stellt, die in verschiedene wissenschaftliche Bereiche hineinwirken. »Soziopolis« etwa hat sich innerhalb weniger Jahre zur wichtigsten digitalen Plattform für die nicht-quantitativen deutschsprachigen Sozialwissenschaften entwickelt. Die hier veröffentlichten Besprechungen und Debatten gehören mit zum Besten, was man derzeit im deutschsprachigen Raum finden kann. Die Plattform wird auch von führenden Historiker:innen bespielt und zeigt einmal mehr, wie auf einem vor Jahrzehnten geschaffenen finanziellen Fundament eine eigenständige, produktive Infrastruktur entstanden ist. Die Zeitschrift »Mittelweg 36« macht (im Übrigen auch geschichtswissenschaftliche) Forschungen zu aktuellen Debatten einer breiteren Leser:innenschaft zugänglich; die »Hamburger Edition« hat sich nicht zuletzt im Bereich der Übersetzung große Verdienste erworben. Aus historischer Sicht würde zudem die Schließung des Archivs mit seinen Sammlungsschwerpunkten zu Themen der Protest-, Gewalt- und Bewegungsforschung einen tragischen Verlust darstellen.

Die Deutsche Gesellschaft für Soziologie und der Verband der Historiker und Historikerinnen Deutschlands sprechen sich gegen eine Schließung und für konstruktive Überlegungen aus, wie Forschung und Infrastruktur des Instituts sinnvoll weitergeführt werden können.

Deutsche Gesellschaft für Soziologie
Verband der Historiker und Historikerinnen Deutschlands e. V.

Essen, 21. Februar 2024

Ausschreibung der beim 42. Kongress der DGS 2025 in Duisburg/Essen zu verleihenden Preise

Preis für herausragende Abschlussarbeiten

Dieser Preis wird für zwei herausragende Diplom- oder Masterarbeiten im Hauptfach Soziologie vergeben, die seit dem 12. Mai 2022 begutachtet wurden. Nominierungen erfolgen durch die wissenschaftlichen Betreuerinnen und Betreuer oder durch andere Personen, die die Abschlussarbeiten gut kennen. Per E-Mail einzusenden sind das ausgefüllte Antragsformular, ein Exemplar der Arbeit, das Curriculum Vitae der Absolventin/ des Absolventen und eine kurze Begründung der Nominierung. Die Fachgutachten aus dem Prüfungsverfahren müssen ebenfalls beigefügt sein. Der Preis für herausragende Abschlussarbeiten ist mit je 500 Euro dotiert.

Mit dem Erhalt dieses Preises ist die Veröffentlichung eines Beitrags zur prämierten Arbeit in Heft 1/2026 der Zeitschrift SOZIOLOGIE verbunden.

Dissertationspreis

Dieser Preis würdigt zwei herausragende Dissertationen, die seit dem 12. Mai 2022 begutachtet wurden. Nominierungen erfolgen durch die wissenschaftlichen Betreuerinnen und Betreuer oder durch andere Personen, die die Dissertation gut kennen (ausgenommen sind Mitarbeiter/innen des herausgebenden Verlages). Per E-Mail einzusenden sind das ausgefüllte Antragsformular, ein Exemplar der Dissertation, das Curriculum Vitae der/des Promovierten und eine kurze Begründung der Nominierung. Die Fachgutachten aus dem Prüfungsverfahren müssen ebenfalls beigefügt sein. Der Dissertationspreis ist mit je 1.000 Euro dotiert.

Mit dem Erhalt dieses Preises ist die Veröffentlichung eines Beitrags zur prämierten Arbeit in Heft 1/2026 der Zeitschrift SOZIOLOGIE verbunden.

René-König-Lehrbuchpreis

Dieser Preis würdigt das beste Lehrbuch, das nach dem 12. Mai 2022 erschienen ist. Nominierungen müssen das ausgefüllte Antragsformular, ein Exemplar des Lehrbuchs, das Curriculum Vitae der Autorin/Herausgeberin oder des Autors/Herausgebers sowie eine kurze Begründung der Nominierung enthalten und per E-Mail eingereicht werden. Selbstnominierungen sind möglich. Der Preis ist mit 500 Euro dotiert.

Preis für herausragende Leistungen auf dem Gebiet der öffentlichen Wirksamkeit der Soziologie

Anerkannt werden Leistungen von Wissenschaftler/innen, Publizist/innen oder sonstigen Autor/innen innerhalb und außerhalb der Universität, die das öffentliche Bild der Soziologie sowie ihre Praxisrelevanz in hervorragender Weise gefördert haben. Nominierungen müssen ein Curriculum Vitae der/des Nominierten sowie eine kurze Begründung enthalten.

Preis für ein hervorragendes wissenschaftliches Lebenswerk

Dieser Preis soll eine Person ehren, deren Lebenswerk in besonderer Weise zur fachlichen Entwicklung der Soziologie beigetragen hat. Dabei kann der Schwerpunkt auf theoretischer, empirischer oder methodischer Ebene liegen. Nominierungen müssen ein Curriculum Vitae der/des Nominierten sowie eine kurze Begründung enthalten.

Thomas A. Herz-Preis für qualitative Sozialforschung

Prämiert werden soziologische Arbeiten, die einen innovativen Beitrag zur qualitativen Sozialforschung und zur empirisch fundierten Theoriebildung leisten. Der beziehungsweise Die Auszuzeichnende sollte zwei wissenschaftliche Monographien verfasst oder sich nach der Promotion über einschlägig publizierte Aufsätze weiterhin wissenschaftlich ausgewiesen haben und in seinen/ihren Arbeiten auch die soziale Realität außereuropäischer Gesellschaften in den Blick nehmen. Der Preis wird in der Regel an Wissenschaftler und Wissenschaftlerinnen verliehen, die noch nicht auf eine Lebenszeitprofessur berufen wurden. Vorschlagsberechtigt sind habilitierte Wissenschaftler und Wissenschaftlerinnen, die ihren Vorschlag in einem ca. 2-seitigen Würdigungsschreiben begründen und einen akademischen Lebenslauf (einschließlich Publikationsliste) der nominierten Person per E-Mail einreichen müssen. Einzureichen ist außerdem ein Exemplar der letzten Monographie beziehungsweise derjenigen, die den genannten Kriterien am nächsten kommt. Selbstnominierungen sind nicht möglich. Der Thomas A. Herz-Preis für qualitative Sozialforschung wurde gestiftet von Claudia und Trutz von Trotha und ist mit 5.000 Euro dotiert.

Alle Preise werden auf dem 42. Kongress der Deutschen Gesellschaft für Soziologie in Duisburg verliehen. Der Thomas A. Herz-Preis sowie der Preis für herausragende Leistungen auf dem Gebiet der öffentlichen Wirksamkeit der Soziologie werden am 22. September 2025 im Rahmen der Eröffnungsveranstaltung, die Preise für Abschlussarbeiten, Dissertationen und Lehrbuch auf der Mitgliederversammlung am 24. September 2025, der Preis für ein hervorragendes wissenschaftliches Lebenswerk im Rahmen der Abschlussveranstaltung am 26. September 2025 überreicht.

Das Nominierungsformular erhalten Sie von Marcel Siepmann (marcel.siepmann@kwi-nrw.de), dem Leiter der DGS-Geschäftsstelle, an den Sie bitte Ihre Nominierung ausschließlich digitalisiert (PDF-Datei) senden.

Einsendeschluss zur Nominierung für die Preise ist der **30. Juni 2024**.

Aus dem DGS-Vorstand

Liebe Mitglieder der Deutschen Gesellschaft für Soziologie, der 42. Kongress der Deutschen Gesellschaft für Soziologie findet vom 22. bis 26. September 2025 an der Universität Duisburg-Essen statt. Dank der großartigen Arbeit der Kolleg:innen in Duisburg ist das Themenpapier schon sehr weit gediehen. In dieser Ausgabe auf Seite 195 ff. und auf unserer homepage unter https://soziologie.de/dgs/preise finden Sie die Ausschreibungen für die Preise der DGS, die bereits Ende 2024 vergeben, aber erst auf dem Kongress in Duisburg 2025 an die Preisträger:innen verliehen werden. Wir freuen uns auf zahlreiche Vorschläge exzellenter Dissertationen, Lehrbücher und Abschlussarbeiten.

Auch für unsere (Zwischen-)Konferenz »Klassen, Klassifikationen und Klassifizierungen« vom 23. bis 25. September 2024 an der Universität Osnabrück wurden die Calls veröffentlicht, so dass wir von einer regen Beteiligung der soziologischen Community an der inhaltlichen Gestaltung der Veranstaltung ausgehen können. Die Tagung ist aus einem vom Vorstand an die Sektionen gerichteten *call for conferences* hervorgegangen. Am Dienstagabend, dem 24. September, findet eine ordentliche Party statt, standesgemäß unter anderem mit Vorstands-DJs. Aktuelle Informationen finden Sie auf der DGS-homepage.

Die vom Stifter Jan Philipp Reemtsma im Januar 2024 angekündigte Schließung des Hamburger Instituts für Sozialforschung (HIS) mitsamt der dort angesiedelten Publikationsforen (Soziopolis, Mittelweg36) und Forschungsinfrastrukturen zum Jahr 2028 hat bei uns, den Sozialwissenschaften, wie auch bei den Sozial- und Zeithistoriker:innen große Betroffenheit ausgelöst. In Abstimmung mit dem Beirat des HIS haben wir gemeinsam mit dem Verband der Historiker und Historikerinnen Deutschlands (VHD) eine Stellungnahme veröffentlicht (s. Seite 193), die auch bei *HsozKult* erschienen ist. Wir hoffen, dass hier doch noch eine produktive und für die deutsche geistes- und Sozialwissenschaft nachhaltige Lösung gefunden wird – die DGS steht als Ideengeberin und Ansprechpartnerin gerne zur Verfügung.

Seit vielen Jahren ist die Mitgliederentwicklung der DGS überaus positiv! In Kongressjahren wurden deutlich mehr Ein- als Austritte verzeichnet, da Mitglieder von einer vergünstigten Teilnahme profitieren. Im Jahr 2023 jedoch gingen die Mitgliedszahlen leicht zurück. Dies mag daran liegen, dass im nächsten Jahr kein Kongress stattfindet, die ausgetretenen Mitglieder nennen jedoch mehrheitlich pragmatische Gründe für ihren Austritt (Tätigkeitswechsel, Alter zum Beispiel). Es gilt aber auch, dass die bundesweite Zahl der Soziologiestudierenden schwinden (so Larissa Schindler auf der letzten Konzilssitzung am 27. Oktober 2023). Wir haben das im Blick und sind auf Rückmeldungen aus den Instituten angewiesen.

Der Beauftragte für internationale Beziehungen im Vorstand Daniel Witte hatte sich aus ökonomischen und ökologischen Gründen auf dem Kongress der ISA in Melbourne (Juni 2023) von Sighard Neckel vertreten lassen, der für die DGS an den Wahlen des Executive Committee teilnahm und dem wir dafür ausdrücklich danken! Geoffrey Pleyers wurde in Melbourne zum Vorsitzenden der ISA gewählt – wir gratulieren. Eine Vernetzungsveranstaltung der ISA findet bald online statt, 2025 dann das ISA-Forum in Rabat (Marokko) gefolgt vom ISA-World Congress in Gwangju (Korea). Die ESA-Conference 2024 findet Ende August in Porto (Portugal) statt. Viele von Ihnen/Euch sind ja aktiv engagiert bei ISA und ESA.

Wichtig für die Sektionen: Der in der Satzung verankerten Berichtspflicht der Sektionen gegenüber dem Vorstand kann in Form eines Jahresberichts bis zum 31. Dezember des Folgejahres nachgekommen werden. Die Jahreszuschüsse in Höhe von 400 Euro sind unter anderem an die fristgerechte Einreichung dieses Berichts geknüpft. Wer ein Vermögen von über 5.000 Euro auf dem Sektionskonto angesammelt hat, erhält keinen Zuschuss. Dies betraf am 31. März 2023 (Stichtag) drei Sektionen. Gemäß einer Empfehlung des Steuerberaters sollte das Vermögen einer Sektion 4.000 Euro nicht längerfristig überschreiten und regelmäßige Zu- und Abflüsse der Gelder aufweisen, um die Gemeinnützigkeit der DGS nicht zu gefährden. Zum Jahresende will der Vorstand die betreffenden Sektionen um einen Ausgabenplan bitten. Der Zuschuss für internationale Tagungen kann je Sektion einmalig im Jahr beantragt werden und richtet sich in seiner Höhe nach Anzahl und Affiliation der internationalen Redner:innen von 500 bis 1.000 Euro. Angeregt durch die Kassenprüfer:innen hat der Vorstand nun beschlossen, diese Tagungszuschüsse um je 250 Euro anzuheben und einen Sonderzuschuss über 400 Euro für Sektionstagungen allgemein einzurichten. Dieser Zuschuss kann einmalig je Sektion und Jahr beim Vorstand beantragt werden. Der Antrag, mit einem Plan für die Verwendung der Mittel und einem vorläufigen Tagungsprogramm, muss vor der Tagung gestellt werden. Der Zuschuss wird allerdings nur gewährt, wenn das Sektionsvermögen zum Antragszeitpunkt 4.000 Euro nicht überschreitet. Die Sektionsvorstände können hierüber im Detail Auskunft geben.

Ansonsten gilt wie immer: *We'll keep you informed!* Beachten Sie unsere Präsenz in den sozialen Medien, alle wichtigen Infos über Stellenausschreibungen, Neuerscheinungen, Tagungen oder medialen Einlassungen von Soziolog:innen finden Sie auf Mastodon – unter derselben Adresse wie bei X (ehemals Twitter) [@DGSoziologie], bei Instagram, facebook und neuerdings auch bluesky. Wir nehmen dafür gern Ihre Hinweise entgegen. Auch um die Kommunikationen zwischen den DGS-Sektionen besser zu gestalten, können auf unseren Kanälen die Veranstaltungen der einzelnen Sektionen sehr gut nachverfolgt werden. Natürlich wird die Social Media Präsenz der DGS wie auch unsere Homepage www.soziologie.de stets auf dem neuesten Stand gehalten.

Wenn Sie etwas wissen oder kommentieren möchten, melden Sie sich bei der Geschäftsstelle. Marcel Siepmann (marcel.siepmann@soziologie.de oder marcel.siepmann@kwi-nrw.de, beide Adressen bleiben vorerst gültig) ist Ihr/Euer Ansprechpartner, insbesondere hinsichtlich organisatorischer und verbandsinterner Abläufe. Alle Vorstandsmitglieder sind selbstverständlich auch ansprechbar, Sie finden uns über die Website.

Herzliche Grüße, auch im Namen der Vorstandskolleg:innen,
Paula-Irene Villa Braslavsky

Veränderungen in der Mitgliedschaft

Im Jahr 2023 hat die DGS 127 neue Mitglieder dazu gewonnen, darunter 27 Studierende. 186 Mitglieder sind ausgetreten und 6 verstorben. Zum Jahresende 2023 hatte die DGS 3.660 Mitglieder.

Neue Mitglieder

Dr. phil. Davide Brocchi, Köln
Priska Buchner, M.A., Klagenfurt
Prof. Dr. Mirjam Fischer, Berlin
Dr. phil. Franz Heilgendorff, Dresden
Dr. Tom Hensel, Rostock
Dr. Esto Mader, Berlin
Tabea Mildenberger, M.A., Köln
Dr. Johanna M. Pangritz, Potsdam
Daniel Schneiß, M.A., Kiel
Stefan Schreiber, M.A., Trier
Leonie Schulz, M.A., Bielefeld
Prof. Dr. Henrike Terhart, Bochum
Rahel Zelenkowits, Frankfurt am Main

Neue studentische Mitglieder

Leon Kianzad, Frankfurt am Main
Sabine Stadler, Hagelstadt

Austritte

Prof. Dr. Sebastian Braun, Berlin
Dr. phil. Mareike Breinbauer, Mainz
Dr. Stefanie Frings, Dortmund

Dipl.-Soz. Kristin Geisler, Hannover
Prof. Dr. Swantje Goebel, Berlin
Clara Gutjahr, Frankfurt am Main
Fabian Heide, Berlin
Prof. Dr. Wilhelm Heitmeyer, Bielefeld
Dr. Thomas Hoffmann, Ludwigsburg
Prof. Dr. Rolf Keim, Darmstadt
Dr. Susanne Koch, Freising
Lisa Köppchen, Dalheim
Alexandra Melmer, Seiersberg-Pirka
Milena Mix, Bamberg
Yannick Morasch, B.A., Schwetzingen
Prof. Dr. Katja Nebe, Halle (Saale)
Theresa Petrausch, M.A., Essen
Karsten Pieper, Bielefeld
Tobias Sanders, Chemnitz
Annika Spahn, Freiburg
Hanna-Sophie Ulrich, Halle (Saale)
Marco Miguel Valero Sanchez, M.A., Hannover

Verstorben

Prof. Dr. Dr. h.c. Friedrich Fürstenberg, Luxemburg
Prof. Dr. Dr. h.c. Franz-Xaver Kaufmann, Bonn
Dr. phil. Klaus Lange, Waiblingen
Prof. Dr. Heinz Sahner, Halle (Saale)

Arbeitskreis Soziales Gedächtnis, Erinnern und Vergessen

Bilanz und Perspektiven kultur- und sozialwissenschaftlicher Gedächtnisforschung

Anlässlich der Herausgabe des »Handbuch Sozialwissenschaftliche Gedächtnisforschung« veranstaltete das DFG-Netzwerk Sozialwissenschaftliche Gedächtnisforschung in Verbindung mit dem Arbeitskreis Soziales Gedächtnis, Erinnern und Vergessen der Sektion Wissenssoziologie vom 27. bis 29. September 2023 eine Tagung in den Räumen der Technischen Universität Berlin. Präsentiert wurde das Buchprojekt sowie dessen Spin-Off »Sozialwissenschaftliche Methoden und Methodologien: Temporalität – Prozessorientierung – Gedächtnis« der Fachöffentlichkeit. Zudem sollte die bisherige Diskussion zu Fragen des Sozialen Gedächtnisses, Erinnerns und Vergessens bilanziert werden. An der Organisation war neben den Autor:innen dieses Berichts auch Gerd Sebald beteiligt.

Den Auftakt der Konferenz bildete die Keynote von *Jeffrey Olick* (Charlottesville/Virginia), der der Frage nach dem Verhältnis von individuellem und kollektivem Gedächtnis nachging. Im Panel »Methods & Memory« analysierte *Peter Krapp* (Lüneburg) die verschiedenen Funktionen und Anwendungsweisen von Screenshots als Gedächtnismedien. *Kaya de Wolff* (Tübingen) diskutierte mit dem Aktivisten *Jephta Nguherimo* (Kensington, Maryland) am Beispiel der Forschung zum Völkermord an den OvaHerero und Nama (1904–1909) Möglichkeiten und Grenzen, Akteurinnen und Akteure aus einem untersuchten Feld aktiv in den Forschungsprozess einzubeziehen.

Im parallelen Panel »Gedächtniskonflikte & Politik« ging es darum, ob und inwieweit sich widerstreitende Erinnerungen vor dem Hintergrund der Konzepte kollektives, kommunikatives und kulturelles Gedächtnis beleuchten lassen. Thematisiert und problematisiert wurden konfligierende Erinnerungen im europäischen Raum (*Dietmar Wetzel*, Hamburg), in ökologischen Konflikten (*Jens Jetzkowitz*, Hamburg) und an wirtschaftliche Umbrüche (*Till Hilmar*, Wien) sowie allgemein die Möglichkeit beziehungsweise Unmöglichkeit pluriversaler Erinnerung (*Katrin Antweiler*, Bremen). Dabei wurden intergenerationelle, topographische und politisch motivierte Unterschiede der jeweiligen Gedächtnisse herausgestellt und die Frage diskutiert, inwieweit diese Differenzen unter dem Dach eines übergreifenden kollektiven Gedächtnisses begriffen werden können.

Eine Keynote war den kulturgedächtnisspezifischen Forschungsmethoden gewidmet. *Emily Keightley* (Loughborough) stellte einen aktuellen Projektzusammenhang mit besonderer Berücksichtigung innovativer (ethnographischer) Datenerhebungsverfahren und den damit verbundenen Problemen vor. *Wulf Kansteiner* (Aarhus) plädierte in seiner Keynote für einen neutralen analytischen Blick auf das Problem der Zensur als Phänomenbereich des Gedächtnisses. Im zweiten Panel zum Thema »Memory, Family, and Migration« widmete sich *Radhika Natarajan* (Bielefeld) auf der Grundlage biographischer Narrative Frauen aus Sri Lanka, die in »similar postcolonial, multilingual, and multireligious environments« sozialisiert wurden. Ebenfalls aus narratologischer Sicht handelte der Vortrag von *Jatin Wagle* (Osnabrück), der die Erzählungen von ›unauthorized immigrants‹ oder ›sans-papiers‹ in einem Spannungsfeld von Überdokumentation und Unsichtbarkeit sieht. *Maria Borcsa* und *Paula Witzel* (beide Nordhausen) berichteten von ersten Ergebnissen ihres qualitativen Forschungsprojekts zu transgenerationalen Effekten nach Zwangsmigrationserfahrungen und *Anshu Agarwal* (Delhi) stellte schließlich die Familiengedächtnisbildung bei den Assamese Hindu vor. Die im gleichzeitig stattfindenden Panel »Geschichte und soziale Gedächtnisse« versammelten Vorträge befassten sich mit dem erinnernden Zugriff auf historische Ereignisse. Dabei wurde nach der Bedeutung von Emotionen etwa im Kontext des Erinnerns an koloniale Vergangenheiten gefragt (*Sahra Rausch*; Jena) oder nach der filmischen Inszenierung vergangener Ereignisse im Licht gegenwärtiger gesellschaftlicher Diskurse und Konflikte (*Carsten Heinze*; Hamburg). In einem begriffsanalytischen Vortrag (*Ulrike Jureit*; Hamburg) ging es um die Frage, ob Reinhart Koselleck dem Begriff ›Erinnern‹ gegenüber seinem Grundkonzept der ›Erfahrung‹ den Vorzug gegeben hat. Ein weiterer Beitrag überprüfte *Klaus Bieberstein* (Bamberg) schließlich die historische Evidenz der von Maurice Halbwachs analysierten Pilgerberichte über die Stätten der Verkündigung in Jerusalem.

In einer weiteren Keynote stellte *Susanne Buckley-Zistel* (Marburg) die Funktion des Gedächtnisses im Kontext von Fragen der Gerechtigkeit vor. Im ersten Vortrag des Panels »Historical and Political Reconstructions« stellte *Sana Shah* (Berlin) Forschungsergebnisse aus ihrem Dissertationsprojekt vor, das sich am Beispiel der Regionen Jammu und Kaschmir mit den Herausforderungen von und für Geschichtsschreibung beschäftigt. Sodann präsentierten *Daria Khlevnyuk* und *Boris Nordenbos* (beide Amsterdam) ein Analysekonzept zur Erfassung von Zeitlichkeit im Rahmen politischer Propaganda. Im Anschluss daran gab *Priska Daphi* (Bielefeld) Einblicke in die Erinnerungspraxis sozialer Bewegungen und die damit verbunden historischen Positionierungen. Den Abschluss bildete der Vortrag von *Jule Ehms* (Bochum), die einen Begriff des hegemonialen Gedächtnisses im Anschluss und in Erweiterung des Konzepts der hegemonialen Kultur bei Gramsci entwickelte. Im Panel »Gedächtnistheorie« wurden aus unterschiedlichen Perspektiven theoretische Anknüpfungspunkte und konzeptuelle Erweiterungen der Gedächtnissoziologie diskutiert. *Alberto Cevolini* (Modena) prüfte im Rückgriff auf system- und kontingenztheoretische Argumente, welchen Formwandel Algorithmen basierte Suchmaschinen für soziale Gedächtnisse nach sich ziehen. *Jan Ferdinand* (Berlin) arbeitete Unterschiede und Gemeinsamkeiten der Gedächtnistheorien von Jan und Aleida Assmann zu Luhmann heraus, um zu zeigen, welche weiteren gedächtnissoziologischen Anschlüsse an beide Traditionen möglich sind. *Valentina Lommatzsch* entwickelte ein theoretisches Konzept des individuellen Gedächtnisses, welches auf Positionen des Erinnerns bei Henri Bergson und Gilles Deleuze aufbaut und *Takemitsu Morikawa* (Luzern) thematisierte den theoretischen Zusammenhang zwischen dem Akt des Vergebens beziehungsweise Verzeihens und sozialen Gedächtnissen.

In ihrer sowohl Anlass als auch Rahmen der Tagung absteckenden Keynote arbeiteten *Oliver Dimbath* (Koblenz) und *Nina Leonhard* (Berlin) epistemische Besonderheiten der gedächtnissoziologischen Perspektive in Abgrenzung zu anderen, insbesondere kulturwissenschaftlichen Zugängen heraus und zogen Bilanz über zehn Jahre gedächtnissoziologischer Forschung im Rahmen des Arbeitskreises.

Die finale Keynote hielt *Andrew Hoskins* (Glasgow) mit dem Argument, dass mit dem Einsatz generativer künstlicher Intelligenz eine undifferenzierte Vervielfältigung von Vergangenheiten stattfinde, die teils fiktionalen Charakter trage. Im Panel »Postconflict and Politics« diskutierten zunächst *Joachim Savelsberg* (Minnesota) und *Miray Philips* (Toronto) neue Erkenntnisse zum Zusammenhang von Recht und Gedächtnis angesichts von Massengräueltaten. *Daniel Levy* (New York) rollte sodann das Verhältnis von kollektiver Erinnerung und Solidarität neu auf und warb für eine kosmopolitische Perspektive jenseits nationalstaatlicher Grenzen. Das Parallelpanel »Gedächtnisfiguren und Materialität« beschäftigte sich mit der Frage, welche Rolle Materialität für das soziale Gedächtnis spielt und wie sich diese manifestiert. *Philipp-Jonas Dallmann* (Berlin) setzte sich mit Walter Benjamins Passagenwerk und der dort entfalteten Praktik des Sammelns auseinander. *Janna Vogel* (Bonn) fokussierte die Frage des Erbens im Zusammenhang mit sozialer Ungleichheit. Erbe könne als Verhältnisbestimmung und Kulturtechnik der Tradierung aufgefasst werden. *Thorsten Benkel* (Passau) und *Miriam Sitter* (Hannover) gaben Einblicke in materielle Aspekte in der Tradition der Erinnerung an Verstorbene und ihre

Funktion bei der Trauer. *Valentin Rauer* (Istanbul) stellte gedächtnissoziologische Perspektiven auf Erdbeben und Klimawandel vor und bezog sich dabei auf Aspekte des »Preforgetting« und »Prememory«.

Oliver Dimbath, Mathias Berek, Jan Ferdinand, Hanna Haag, Michael Heinlein, Nina Leonhard und Valentin Rauer

Sektion Biographieforschung

Jahrestagung »Diversity and Difference. Studies in Subjectivation« vom 28. bis 30. September 2023 an der Christian-Albrechts-Universität zu Kiel

Diversität dient gegenwärtig häufig als »Buzzword« in unterschiedlichen Kontexten: Sie werde betont, um Offenheit gegenüber gesellschaftlichen Gruppen zu demonstrieren, durch neoliberale Diversitätspolitiken zur Produktivitätssteigerung vereinnahmt und zugleich werde die Angst vor der Differenz im Rahmen rechter Mobilisierungen genutzt. Mit dieser Einschätzung eröffnete Tina Spies die internationale Tagung »Diversity and Difference« an der CAU Kiel. Angesichts politischer Debatten um »Asylkompromisse« oder das vermeintliche »Wegnehmen« von Zahnarztterminen hätte die bedrückende Dringlichkeit des Tagungsthemas kaum treffender beschrieben werden können.

Die von Tina Spies, Folke Brodersen, Hazal Budak-Kim und Cosima Hartmann vom Arbeitsbereich Gender & Diversity Studies an der CAU Kiel organisierte Konferenz des Arbeitskreises Subjektivierungsforschung war zugleich Jahrestagung der Sektion Biographieforschung in Kooperation mit der Sektion Wissenssoziologie. Die Veranstalter*innen hatten sich zum Ziel gesetzt, Diversität und Differenz mithilfe des theoretischen Vokabulars und der empirischen Herangehensweisen der Subjektivierungsforschung in den Blick zu nehmen.

Bereits 2013 war das Thema der Subjektivierung, damals unter dem Titel »Biographie und Diskurs« bei einer gemeinsamen Tagung der beiden Sektionen diskutiert worden. Die Tatsache, dass trotz der Pandemiepause nun mehr als 130 Wissenschaftler*innen der Einladung nach Kiel gefolgt sind, unterstreicht den anhaltenden Bedarf an Vernetzung in diesen Feldern. Im Verlauf der Tagung wurde zugleich die Notwendigkeit deutlich, die gesellschaftlichen Veränderungen der letzten Jahrzehnte systematisch zu reflektieren – die, wie Helma Lutz während der Podiumsdiskussion am ersten Abend anmerkte, mit der Durchsetzung des von der Subjektivierungsforschung kritisierten neoliberalen Systems geprägt waren. Der Fokus der Tagung richtete sich dabei vor allem auf die Frage, wie eine Perspektive auf Subjekte und Subjektivierung, Biographien und Diskurse, Artikulationen und Re-Artikulationen, Positionierungen und Re-Positionierungen für eine kritische Gesellschaftsanalyse im Kontext von Diversität und Differenz fruchtbar gemacht werden kann. *Ann Phoenix* (London) widmete sich dieser Frage in ihrem Eröffnungsvortrag mit dem Titel »Diversity and Difference. Contesting intersectional positioning and relational subjectivation«. Dabei demonstrierte sie, wie unter anderem Derridas »Hauntology«-Konzeption (eine »Nostalgie für verlorene Zukünfte«) zu einem neuen Verständnis rassifizierender Subjektivierung betragen kann. Gerade die Intersektionalitätsforschung könne von einer solchen Sensibilität für geschichtliche Kontinuitäten von Diskriminierung profitieren.

Weitere Keynote-Vorträge wurden im Verlauf der Tagung von *Christine M. Jacobson* (Bergen), *Rebecca W.B. Lund* (Oslo) und *Denise Bergold-Caldwell* (Innsbruck) gehalten. Jacobsen fokussierte in ihrem Vortrag die »Temporalities of Difference« und untersuchte die Situation von undokumentierten Migrant*innen in Marseille, indem sie die zeitlichen Dimensionen mit Fokus auf die Figur des »Wartens« von Vielfalt und Differenz beleuchtete. Rebecca Lund betrachtete in ihrem Vortrag »The Emotional and Epistemic Reorientation of Academics in Changing Higher Education« die emotionale und epistemische Neuausrichtung von Akademiker*innen angesichts der sich verändernden Hochschullandschaft und skizzierte das Potenzial der ethnografischen Forschungsmethode. Die breite Palette dieser Keynote-Vorträge bot den Teilnehmer*innen eine tiefgehende und vielschichtige Perspektive auf das Tagungsthema.

In den verschiedenen Panels der Tagung wurden unter anderem Fragen zur parteilichen Methodologie und Forschungsethik aufgegriffen. Eines der diskutierten Themen war die ethische Reflexion im Zusammenhang mit der Befragung von Menschen, die Opfer von »racial profiling« geworden waren, und wie deren traumatische Erfahrungen im Forschungsprozess angemessen berücksichtigt werden können.

Besonders vertieft wurde diese Diskussion in der Podiumsdiskussion »Diversifying Subjectivation – Uncovering Perspectives« mit *Tanja Ganga-*

rova, Helma Lutz, Elisabeth Tuider und *Vassilis S. Tsianos.* Hier herrschte weitgehend Einigkeit darüber, dass (rassismuskritische) Forschung parteiisch sein sollte. Allerdings gab es kontroverse Diskussionen darüber, welche Auswirkungen dies auf die Forschungspraxis selbst hat. Elisabeth Tuider betonte die Verantwortung der Wissenschaft, durch die Berücksichtigung intersektionaler und dekolonialer Perspektiven »Othering« im Forschungsprozess zu vermeiden. Tanja Gangarova ging noch einen Schritt weiter und plädierte für eine Diversifizierung der Forschungsteams und eine »knowledge democracy«, die Communities die Ressourcen zur eigenständigen Forschung gibt. Obwohl diese Forderungen Zustimmung durch das Publikum erhielten, wurden die methodologischen Herausforderungen einer solchen Vorgehensweise nur oberflächlich diskutiert.

Eine weitere wichtige Diskussionslinie bei der Tagung beschäftigte sich mit der kontinuierlichen Weiterentwicklung und Anpassung der Forschungsmethoden in der soziologischen Subjektivierungsforschung. Zahlreiche Vorträge und Diskussionen betonten die Notwendigkeit, die Methoden in diesem Bereich laufend zu verbessern und an aktuelle gesellschaftliche Herausforderungen sowie tagesaktuelle Ereignisse anzupassen. Diese Diskussionen verdeutlichten die dynamische Natur der Subjektivierungsforschung und die Bedeutung der Flexibilität bei der Reaktion auf neue Herausforderungen und Fragestellungen. Vorträge zum Beispiel über verkörperte anti-narrative Forschungsmethoden oder das Potenzial einer intersektionalen dekolonialen Subjektivierungsforschung trugen mit wertvollen Impulsen zur Debatte bei.

Weitere Diskussionen bezogen sich auf das Verständnis von Subjektivität und Unterwerfung, und damit auf die zentrale Konzeption der Subjektivierungsforschung. Während verschiedentlich auf Autor*innen des Poststrukturalismus (zum Beispiel Foucault, Althusser, Butler) und deren Subjektivierungsverständnis rekurriert wurde, betonten einige Redner*innen zugleich die Grenzen eines abstrakten und ihrer Auffassung nach bisweilen geschichtslosen Subjektivitätsverständnisses. Bereits in der ersten Keynote hatte Ann Phoenix mit dem Konzept der »Hauntology« die Notwendigkeit historischer Kontextualisierungen betont. Während der Podiumsdiskussion mahnte Vassilis S. Tsianos, die »postmigrantische« immer auch als »postgenozidale Gesellschaft« zu verstehen, also die Rolle der Gewalt auch für gegenwärtige Subjektivierungen systematischer zu reflektieren. *Denise Bergold-Caldwell* (Marburg) schloss in ihrem die Konferenz abschließendem Beitrag mit einer kritischen Revision ihrer eigenen Forschungsarbeit ab, indem sie über die Klassiker poststrukturalistischer Theorie hinaus rassismuskritische und dekoloniale Autor*innen bemühte, um auf die koloniale Enteignung versklavter Körper zu rekurrieren, die auch für die Analyse gegenwärtiger Gewalt- und Diskriminierungserfahrungen relevant sei. Solche Kritiken eröffnen weitergehende Auseinandersetzungsmöglichkeiten über ein zeitgemäßes Verständnis von Subjektivierung, unabhängig davon, ob die zugrundeliegende Prämisse geteilt wird.

Insgesamt war die Konferenz »Diversity and Difference. Studies in Subjectivation« ein wichtiges Ereignis, das aktuelle Debatten und Entwicklungen in der Subjektivierungsforschung aufgegriffen und vielfältige Perspektiven auf das Thema Diversität in der Gesellschaft geboten hat. Die Tagung zeigte die Relevanz und Dringlichkeit der Subjektivierungsforschung gerade im Kontext von Diversität, Diskriminierung und Rassismus und regte zu vertieften Diskussionen und weiterführenden Forschungen an.

Manja Kotsas, Fabian Hennig

Sektion Familiensoziologie

Herbsttagung »Aktuelle Themen familiensoziologischer Forschung« am 7. und 8. Dezember 2023 in Köln

Im Dezember 2023 fand an der Universität zu Köln die Herbsttagung der Sektion zu aktuellen Themen familiensoziologischer Forschung statt, die in Kooperation mit *Anja Steinbach* (Duisburg-Essen) und *Karsten Hank* (Köln) ausgerichtet wurde. Es gab einen regen fachlichen Austausch zwischen den anwesenden Forscher:innen, die zahlreiche theoretische und – sowohl quantitativ als auch qualitativ – empirische Beiträge präsentierten.

Die erste Session begann am Donnerstagmittag und bot einen Einblick in »Verwandtschaftsstrukturen« aus theoretischer und empirischer Perspektive. *Bettina Hünteler* (Köln), *Antonino Polizzi* (Catania) und *Alyson van Raalte* (Rostock) konzentrierten sich in ihrem Beitrag auf veränderte Verwandtschaftsstrukturen in Ost- und Westdeutschland vor und nach der Wiedervereinigung. Dazu ziehen sie die Daten der *Human Fertility and Mortality Databases* heran. Im Anschluss daran präsentieren *Leonie Diffené* und *Charlotte Becker* (Köln) Ergebnisse ihres aktuellen Forschungsprojekts zu Unterschieden in den Familienbeziehungen im Verwandtschaftsnetzwerk von Einwanderern und Nicht-Einwanderern. Die Analyse basiert auf Daten des ERC-KINMATRIX Projektes.

Die zweite Session widmete sich dem Themenkomplex »Familienbeziehungen und Wohlbefinden im Alter«. Im ersten Vortrag präsentierten *Alina Schmitz* (Dortmund) und *Rasmus Hoffmann* (Bamberg) die Auswirkungen von intergenerationalem Bildungsaufstieg auf das psychische Wohlbefinden der Elterngeneration mit niedrigem Bildungsabschluss. Dazu ziehen sie die Daten des Survey of Health, Ageing and Retirement in Europe (SHARE) heran. Anschließend präsentieren *Maximilian Tolkamp* und *Matthias Pollmann-Schult* (beide Siegen) mit Hilfe der Daten des Deutschen Alterssurveys wie sich Einsamkeit und die Eltern-Kind-Beziehung im Zuge von Verwitwung entwickeln. Auf der Basis der Paneldaten »Lebensqualität und subjektives Wohlbefinden hochaltriger Menschen in Nordrhein-Westfalen« (NRW80+) zeigten *Stefan Mauritz* und *Michael Wagner* (Köln), wie sich Verwitwung, Gesundheit und soziale Partizipation in der hochaltrigen Bevölkerung Deutschlands präsentieren.

Die dritte Session rückte »Partnerschaftlichen Lebensverläufen« in den Fokus. *Jeanette Bohr* und *Andrea Lengerer* (beide Mannheim) präsentierten Ergebnisse zu den partnerschaftlichen Lebensverläufen von LGBs und richten ihren Fokus dabei auf das Eingehen der ersten Partnerschaft und den ersten Zusammenzug. Die Analysen basieren auf den Daten des Sozioökonomischen Panels und der Zusatzerhebung zu geschlechtlichen oder sexuellen Minderheiten (SOEP und SOEP-LGB). Im Anschluss betrachtete *Viola Logemann* (Hamburg) in ihrem Vortrag die Ko-Konstruktion der ersten gemeinsamen Wohnung von Paaren aus einer qualitativen, mikrosoziologischen Forschungsperspektive.

Der erste Tag endete mit einer Keynote von *Zachary Van Winkle* (Paris/Oxford) über die Komplexität des Familienlebens aus der Perspektive von Erwachsenen und Kindern sowie der anschließenden, jährlich stattfindenden Mitgliederversammlung der Sektion Familiensoziologie, die dieses Mal von *Ann-Kristin Kuhnt* (Rostock) geleitet wurde (Session 4).

In der fünften Session am Freitagvormittag beleuchteten die Beiträge das Thema »Institutionelle Kontexte und Familie«. Im ersten Vortrag präsentierte *Isabel Habicht* (Wuppertal) erste Ergebnisse zu Gerechtigkeitsprinzipien bei der Aufteilung von Paaren auf Basis einer Vignetten-Studie. *Christian Gräfe* (Osnabrück) stellte Ergebnisse aus einem qualitativ ausgerichteten Forschungsprojekt zu Familien im Grundsicherungsbezug mit besonderem Fokus auf Beziehungsstrukturen, institutionelle Kontexte und adaptive Strategien von in Armut lebenden Familien vor.

Die sechste Session am Freitagvormittag richtete den inhaltlichen Fokus auf »Kindliche Entwicklung und kindliches Wohlbefinden«. *Mathias Huebener, Malin Mahlbacher* (beide Wiesbaden), *Susanne Schmid* und *Gundula Zoch* (beide Oldenburg) stellten erste Ergebnisse ihres aktuellen Forschungsprojekts zu kindlichen Entwicklungen im Zeitverlauf vor. Die Analyse zum Einfluss des mütterlichen Alters bei Geburt basiert auf Paneldaten der Neugeborenen Kohorte der NEPS-ADIAB Daten, eine Verknüpfung mit administrativen Sozialversicherungsdaten. Im Anschluss präsentierte *Sven Brocker* (Duisburg-Essen) methodische Einblicke zum Wohlbefinden von Kindern und Jugendlichen in Trennungsfamilien mit Fokus auf die Diskrepanz zwischen der Eltern- und der Kinderperspektive.

Die siebte und letzte Session der diesjährigen Herbsttagung rückte die »Vereinbarkeit von Familie und Beruf« in den Fokus. *Anja Abendroth* und *Antje Schwarz* (beide Bielefeld) berichteten erste Ergebnisse aus aktuell erhobenen Daten zu egalitärer Familienpolitik und der Norm idealer Beschäftigter in Europa im Kontext digitaler Kommunikation und Unterstützung von Familie und Beruf durch Vorgesetzte. Im Anschluss daran präsentierten *Ayhan Adams* und *Katrin Golsch* (beide Osnabrück) Ergebnisse aus ihrem aktuellen Forschungsprojekt auf Basis des Beziehungs- und Familienpanels (pairfam) zu Home-Office, Work-Family-Konflikten und der nächtlichen Schlafdauer erwerbstätiger Eltern. *Sabine Diabaté* (Wiesbaden) berichtete auf Basis der FReDA-Daten erste Befunde zum potentiellen Zusammenhang zwischen Betreuungsnormen, Work-Life-Stress und dem mütterlichen Wohlbefinden in Deutschland.

Weitere Informationen zur Herbsttagung 2023 und zu vergangenen Veranstaltungen finden sich auf der Internetpräsenz der Sektion für Familiensoziologie (www.dgs-familie.de).

Anne-Kristin Kuhnt

Sektionen Kultursoziologie und Umwelt- und Nachhaltigkeitssoziologie

Gründung des Arbeitskreises Tier-Mensch-Beziehungen

Seit rund 20 Jahren steigt im deutschsprachigen Raum die soziologische Aufmerksamkeit für das Themenfeld der Tier-Mensch-Beziehungen deutlich. Eine institutionelle Verankerung stand hier bisher aber noch aus – im Gegensatz etwa zu den US-amerikanischen und britischen Fachgesellschaften. Vor dem Hintergrund dieser Entwicklung wurde am 15. September 2023 der Arbeitskreis Tier-Mensch-Beziehungen in der DGS gegründet. Der Arbeitskreis will Forschenden in diesem Bereich ein Forum für Vernetzung und Austausch bieten. Angebunden ist er an die beiden Sektionen Kultursoziologie sowie Umwelt- und Nachhaltigkeitssoziologie.

Die soziale und soziologische Bedeutung von Tier-Mensch-Beziehungen ist offenkundig. Nicht nur kann die Unterscheidung zwischen Menschen und Tieren als eine der grundlegendsten soziokulturellen Grenzziehungen angesehen werden, an der sich gleichwohl historische und räumliche Transformationen, Diskontinuitäten und Ambivalenzen nachzeichnen lassen. Darüber hinaus spielen Tier-Mensch-Beziehungen auch in einer Vielzahl gesellschaftlicher Bereiche – wie Landwirtschaft und Ernährung, Politik, Recht und Moral, Lebensführung und Familie, Wirtschaft und Arbeit, aber auch Kunst und Unterhaltung – eine wichtige Rolle. Sie stehen in einem grundlegenden Zusammenhang mit sozialen Ordnungen, Wissensstrukturen und Wandlungsprozessen. Und sie sind oftmals komplex und konfliktreich. Dies offenbart insbesondere ein Blick auf verschiedene Kategorisierungen von Tieren im historischen Verlauf: Prägten bis in die Mitte des 20. Jahrhunderts noch landwirtschaftlich erzeugte ›Nutztiere‹ das städtische Bild und teilten mit Menschen Haus und Hinterhof, findet die landwirtschaftliche Produktion von Tieren heute nur mehr im ländlichen Raum statt und auch das Schlachten wurde räumlich und sozial marginalisiert. Trotzdem sind die Tiere aus der Gesellschaft nicht verschwunden. Ganz im Gegenteil: In der öffentlichen Debatte erhitzen regelmäßig Themen wie der »Veggieday«, das »Kükenschreddern« oder das »Tierwohllabel« die Gemüter. Sie konfrontieren mit Fragen des tierbezogenen Konsums, der politischen Regulierung und ökonomischen Tragfähigkeit landwirtschaftlicher Tierhaltung bis hin zur Notwendigkeit eines Wandels von Einstellungen und Lebensstilen im Angesicht von Klimawandel und Artensterben. Dadurch entstehen neue gesellschaftliche Spannungslinien und Konflikte. Konkret in Kontakt kommen die meisten Menschen inzwischen vor allem mit so genannten Haustieren, insbesondere mit Hunden und Katzen. Sie werden als Partner:innen und Familienmitglieder in das soziale Leben integriert und dokumentieren eine soziale und emotionale Nähe zwischen Tieren und Menschen. Vorwiegend medial inszeniert und vermittelt treten dahingegen Tiere in Erscheinung, die dem Typus der ›Wildtiere‹ zugeordnet werden können. Gesellschaftlich sichtbar sind hierbei vornehmlich als ›charismatisch‹ geltende Spezies wie Eisbären, Elefanten oder Wale. Ihr (Über-)Leben steht in Diskursen über das Artensterben häufig im Mittelpunkt, während andere wildlebende Tiere, wie die meisten Weichtiere, Insekten oder Fische, in der Regel als unsichtbare Repräsentant:innen ›der Natur‹ in Erscheinung treten. Nicht zuletzt hat die Corona-Krise die ambivalenten Verstrickungen von Tieren und Menschen in besonderem Maße aufgezeigt. Zu einer sozial-ökologischen Krisenerscheinung verdichteten sich in der Pandemie verschiedene Faktoren wie die Zerstörung natürlicher Lebensräume von Tieren, die Risiken von Wildtiermärkten, die Keulung von Pelztieren, Infektionsrisiken in der Fleischindustrie, Tierversuche in der Impfstoffentwicklung, aber auch die soziale Nähe zu Haustieren.

Die angeführten Beispiele unterstreichen die soziologische Relevanz von Tier-Mensch-Beziehungen. Sie verweisen auf die gesellschaftliche und wissenschaftliche Relevanz des Themas und zeigen, dass Tiere in Beziehungen zu Menschen als Teil der gesellschaftlichen Kultur und stets vermittelt durch gesellschaftliche Natur-/Umweltverhältnisse in Erscheinung treten. Vor diesem Hintergrund fokussiert der Arbeitskreis auf soziologische Diskussionen des Themenfeldes und bietet eine institutionelle Grundlage für Forschungsaustausch und -vernetzung. Dabei will er die soziologische Forschung zu Tier-Mensch-Beziehungen in ihrer gesamten Breite abbilden und verpflichtet sich keinem theoretischen oder methodischen Zugang exklusiv. Vielmehr forciert der Arbeitskreis eine theoretisch und methodisch plurale Herangehensweise, die eine gegenstandsadäquate Analyse erlaubt; er bietet auch einen Raum für den interdisziplinären Dialog mit Forscher:innen sowohl aus anderen Sozialwissenschaften (zum Beispiel Politikwissenschaften, Ethnologie und Kriminologie), den Geisteswissenschaften (zum Beispiel Kultur-, Literaturwissenschaften und Philosophie) oder den Naturwissenschaften (zum Beispiel Humanmedizin, Veterinärmedizin und Verhaltensforschung).

Eine Mitgliedschaft im Arbeitskreis steht grundsätzlich allen Interessierten offen.

Die Sprecher:innen des Arbeitskreises sind:
Marc Bubeck
E-Mail: marc.bubeck@uni-potsdam.de

Markus Kurth
E-Mail: m.kurth@uni-kassel.de

Dr. Sarah Mönkeberg
E-Mail: moenkeberg@uni-kassel.de

PD Dr. Frithjof Nungesser
E-Mail: frithjof.nungesser@uni-graz.at

Dr. Marcel Sebastian
E-Mail: marcel.sebastian@tu-dortmund.de (Mitgliederanträge)

Weitere Informationen zum Arbeitskreis finden sich auf der Website der DGS unter https://soziologie.de/sektionen/arbeitskreise-und-arbeitsgruppen/ak-tier-mensch-beziehungen/

Marc Bubeck, Markus Kurth, Sarah Mönkeberg, Frithjof Nungesser und Marcel Sebastian

Sektion Religionssoziologie

Tagung »Religion und Raum« am 30. und 31. Oktober 2023 an der Universität Bremen

Verräumlichungen prägen religiöse Praktiken, Zugehörigkeiten, Kommunikationsformen und Rituale. Verändern sich die räumlichen Konfigurationen in der Gegenwart, so werden auch religiöse Dynamiken beeinflusst. Räume zu untersuchen, in denen sich Religion(en) entwickeln und vollziehen, ist daher auch Teil des Aufgabenfeldes der Religionssoziologie. Ob in Bezug auf politische, geografische, architektonische, soziale oder digitale Räume – Religion und Raum sind auf verschiedene Weisen miteinander verschränkt. Auf der von Insa Pruisken und Marian Burchardt organisierten Tagung wurde dieses Verhältnis anhand diverser Raumkonfigurationen in Bezug auf unterschiedliche religiöse Traditionen produktiv diskutiert.

Die erste Session »Urbane Religion und Pluralismus« nahm die Stadt und ihre plurale Strukturierung in den Fokus. *Silke Steets* (Erlangen-Nürnberg) diskutierte in ihrem Beitrag die »Evangelikale Konversion als räumliche Erfahrung: der Fall Waco, Texas«. In Waco beobachtete sie eine Ästhetisierung der Missionierungskommunikation, in der der Raum als ein zentrales Medium der religiösen Kommunikation fungiert. Steets demonstrierte anhand der Verräumlichungsstrategien weißer Evangelikaler, wie Religion zu einem identitätsstiftenden Bezugspunkt spätmoderner Raumkonstruktion wird. In ihrem Vortrag »Observing multireligiosidad in Habana: Räumliche Aushandlungen religiöser Mehrfachzugehörigkeit in Havanna« diskutierte *Joanna Katharina Kiefer* (Erlangen-Nürnberg) auf Basis ihrer heuristischen Konzepte zur Grenzziehung, Überlappung und Vermittlung den urbanen Raum Havannas als Möglichkeitsraum, in dem multireligiöse Aushandlungen zwischen den katholischen und afrokubanischen religiösen Traditionen stattfinden. Mit seinem Beitrag »Urbane Religion als Sozialform der Religion: Eine historisch-soziologische Skizze« skizzierte *Marian Burchardt* (Leipzig) seine Thesen in Bezug auf spezifische soziologische Begriffe des Urbanen, unter anderem Verdichtung, Heterogenität, Verknüpfung von multiskalaren Prägungen sowie Performativität. Urbane Religion entstehe aus spezifischen raumbezogenen Strategien religiöser Gruppen und der Art, wie diese mit urbanen Regimen zusammenspielen.

Josefa Loebell (Bremen) eröffnete die zweite Session zur »Digitalisierung & Mediatisierung« mit ihrem Vortrag »Religiöse Influencer-Kommunikation im Kontext digitaler Sozialräume«. Auf Basis ihrer empirischen Forschung zu christlichem Influencing stellte sie vor, wie unterschiedliche Plattformaffordanzen verschiedene Formen des Religiösen hervorbringen. Im Anschluss daran befasste sich *Hubert Knoblauch* (Berlin) in seiner Präsentation »Die kommunikative Konstruktion der Transzendenz und die Refiguration der Religion« mit dem Sehen (der Vision) als kommunikatives Handeln am Beispiel der Marienerscheinungen in Marpingen. Dabei konstatierte er in Bezug auf Videomaterial, das den Fall darstellte, wie Raum in bestimmten Zusammenhängen wahrgenommen wird und wie dabei das Sehen als Verweis auf das Abwesende dienen kann.

Am zweiten Tag stand in der dritten Session Religion in den USA im Mittelpunkt. Über »Lokale Bedingungen für Säkularisierung und evangelikales Wachstum in den USA« sprach *Insa Pruisken* (Bremen). Sie stellte die methodologische Frage, wie sich Räume vergleichen lassen. Im Rahmen eines

Vergleichs von 22 Metropolregionen in den USA konnte sie mit einer *Qualitative Comparative Analysis* unterschiedliche Bedingungskombinationen für Megakirchenwachstum herausarbeiten. *Veronika Eufinger* (Bochum) verglich in ihrem Vortrag »Christliche Kirchen als Produzenten des öffentlichen Raumes? Eine Rekonstruktion deutscher und US-amerikanischer Fälle in marktorientierten Raumlogiken neuer urbaner Zentralisierungen«, wie christliche Akteure in den USA und in Deutschland sich öffentlichen Raum aneignen, um die Bedeutung und Sichtbarkeit der eigenen Tradition zu erhöhen. Dabei präsentierte sie drei Beispiele, wie sich Kirchen in neuen urbanen Zentren in Relation zur Stadt stellen.

In der vierten Session zur » Materialität und Architektur« sprach *Kerstin Menzel* (Leipzig) über die »Erweiterte Nutzung von Kirchengebäuden als räumlich-materieller Aushandlungsprozess«. Diese Aushandlungen im Raum finden über Materialität statt, was das Wechselspiel von Raum und Sozialem demonstriert. Im Rahmen ihrer Forschung zu hybriden Räumen stellte Menzel daher eine Typologie von räumlichen Konstellationen vor, die die verschiedenen Varianten der Mehrnutzung von Gottesdiensträumen charakterisiert. *Dunja Sharbat Dar* (Bochum) befasste sich in ihrem Beitrag »In der Gegenwart Gottes: Atmosphären japanischer und deutscher Kirchenräume im Vergleich« mit den sozialräumlichen Arrangements von zwei katholischen Kirchenräumen. Dabei lag der Fokus darauf, wie die unterschiedlichen sozioreligiösen Ausgangspositionen in Japan und Deutschland Einfluss auf die Atmosphäre während der Messe in den Kirchen nehmen. *Mehmet Kalender* (Göttingen) behandelte die »Territorien ›liberalen‹ Islams: Verortungen des Liberal-islamischen Bundes im Zeichen eines religiösen Liberalismus«. Kalender deutete einerseits auf das vorhandene Raumprekariat hin, das dem Selbstverständnis des LIB als *safe space* für unter anderem queere Muslime gegenübersteht, andererseits beschrieb er die Kultivierung eines mobilen Gebetsraumkonzepts als religiösen Selbstermächtigungsanspruch.

In der fünften Session über » Religiöse Konflikte im öffentlichen Raum« diskutierte *Kyan Pur-Djandaghi* (Hamburg) in seinem Vortrag »Durch diese Linsen nach Kerbala fliegen: Die infrastrukturelle Kerbalisierung von London« Infrastrukturen des Sakralen. Diese Prozesse bieten Potentiale zur ästhetischen Formation des Sakralen und treten bei den untersuchten schiitischen Diasporagemeinden in London und Hamburg durch das Live-Streaming in Erscheinung. Pur-Djandaghi beschrieb Moscheen als alternative Formen urbanen *world makings* und zeichnete nach, wie diese Infrastrukturierung eine schiitische Subjektivität bedingen. Im letzten Vortrag der Tagung »Die Schließung des öffentlichen Raums – Eine Öffnung für Religion« setzte sich *Ines Michalowski* (Münster) mit der spezifischen Aushandlung des Platzes von Religion im Schwimmbad auseinander. Im Schwimmbad, das ein abgetrennter Raum mit eigenen Köperregimen ist, wird die Legitimität von Körperpraktiken ausgehandelt, indem als säkular und religiös wahrgenommene Körperpraktiken aufeinandertreffen.

Dunja Sharbat Dar

Sektion Soziologiegeschichte

Jahres- und Nachwuchstagung »Diversifizierung, Dezentrierung, Dekolonialisierung. Zur (Un-)Sichtbarmachung der Soziologiegeschichte« am 9. und 10. November 2023 in Frankfurt am Main

»Eine Wissenschaft, die zögert, ihre Gründer zu vergessen, ist verloren.« Dieser von Robert K. Merton mehrfach zitierte Ausspruch Alfred North Whiteheads – einst Postulat für die Versachlichung soziologischer Erkenntnis – erfährt im Lichte jüngerer innersoziologischer Auseinandersetzungen eine bemerkenswerte Wendung. Nicht das Versprechen, eine gereifte Wissenschaftsdisziplin könne die Namen ihrer Gründer durch solide Paradigmen ersetzen, scheint enttäuscht. Diesen »jüngsten Tag« der methodologisch-theoretisch Vervollkommnung der Soziologie erwartete sogar Merton erst in rund 300 Jahren. Vielmehr fällt ein Unbehagen ins Gewicht, das sich aus der Fortschreibung der Namen von »Gründern« und »Neugründern«, »Zeitgenossen« soziologischen Denkens, ihrer Beurteilung am »Goldstandard« des »Klassikers« der Disziplin ergibt. Dort, wo alte, weiße, bärtige Männer des 19. Jahrhunderts den Diskurs dominieren, Theorien und empirische Studien nordamerikanischer und westeuropäischer Bauart in den Rang von Paradigmen einer ganzen Disziplin erhoben werden, erweisen sich Unterschiede in der wissenschaftlichen Arbeitsteilung zwischen dem oft sogenannten »globalen Süden« und dem »Norden« als starr und dauerhaft, geraten akademische Karrieren in eine geographische Falle.

Diese ungleichen Entwicklungslinien eines sich globalisierenden soziologischen Diskurses als Überschneidungszonen von post- beziehungsweise dekolonialer Soziologie einerseits, Soziologiegeschichte andererseits zu diskutieren, ist naheliegend. So gesehen war der Workshop überfällig. Auf den ersten Blick zogen die hier präsentierten Beiträge durchaus erwartbare Register der Diskussion: Im Zentrum stand neben Problemen der akademischen Kanonbildung nicht zuletzt die Frage nach dem Verhältnis von Wissenschaft und politischem Aktivismus (*Anika Oettler*, Marburg; *Céline Barry*, Berlin) – und damit verbunden die Fragen eines alltäglichen und eines akademischen Rassismus als Impuls und gleichzeitiges Hindernis emanzipatorischer Wissenschaft. Womöglich noch interessanter als die im Rahmen des Workshops vorgenommenen Verortungen von Autoren wie Marx, Du Bois, Durkheim (*Katharina Wuropulos*, Hamburg; *Rouven Symank*, Berlin; *Oliver Römer*, Göttingen) sowie die Präsentation solcher regionaler Soziologiekontexte, die in der deutsch- und englischsprachiger Lehrbuchliteratur bisher nur wenig beachtet werden (*Joshua Makalinta*, Innsbruck; *Krista Lillemets*, Berlin), war der gemeinsame Tenor der Beiträge: Dekoloniale Soziologie und Soziologiegeschichte können sich dann befruchten, wenn sie sich als zukunftsbezogene und -offene Projekte verstehen, die in gemeinsamen Arbeitszusammenhängen die spontane Historiographie der Soziologie, also eine auf Gewohnheiten und Herrschaftsverhältnissen beruhende Kanonisierung der Disziplin, methodologisch hinterfragen und konzeptionell kritisch reflektieren. Geleistet werden soll ein solches Programm unter anderem im Rahmen von zwei während der Tagung näher vorgestellten und in Entstehung begriffenen Handbuchprojekten von Nicole Holzhauser, Stephan Moebius und Andrea Ploder einerseits, Clara Ruvituso und Fabio Santos anderseits.

Dass diese Handbuchprojekte de- und postkoloniale, feministische und regionale Perspektiven im Fluchtpunkt einer globalen Soziologie versammeln wollen, kann aus soziologiegeschichtlicher Perspektive als Versuch einer nachholenden Einlösung eines gebrochenen Versprechens gedeutet werden. Bereits in den 1950er und 60er Jahren sollte eine unter UNESCO-Flagge segelnde »Weltsoziologie« emanzipatorische Hoffnungen und Bestrebungen der sogenannten Entwicklungsländer in sich aufnehmen. Als intellektuelle Ausdrucksform »fortschrittlicher Mittelschichten« (René König) sollte sie zur *lingua franca* von bildungsaffinen und aufstiegsorientierten Männern und Frauen auch jenseits der westeuropäischen beziehungsweise nordamerikanischen Metropolen werden und diese in ihren demokratischen und progressiven reformistischen Bestrebungen gleichsam spontan ergreifen.

Dass diese graswurzelhafte Utopie bis heute im Widerspruch zu den kolonialen und imperialen Erfahrungen steht, ist längst Thema wichtiger Studien im Grenzgebiet von historischer und dekolonialer Soziologie sowie Soziologiegeschichte geworden. Eine kritische Revision dieses Leit- und Selbstbildes einer akademischen Disziplin ist Aspekt einer ebenso berechtigten wie bescheidenen Hoffnung, die man aus den Frankfurter Diskussionen ziehen darf.

Oliver Römer

Sektion Umwelt- und Nachhaltigkeitssoziologie

Aachener Tagung zur Transformationssoziologie am 30. November und 1. Dezember 2023

Hat man vor drei Jahrzehnten mit einer Transformationssoziologie vor allem solche singulären gesellschaftlichen Umbauprozesse wie die Wiedervereinigung gemeint, so scheinen sich die Transformationsnotwendigkeiten in unserer Gegenwartsgesellschaft zu vervielfältigen. Zwar ist die Transformation zu einer nachhaltigeren Gesellschaft zurzeit das in der öffentlichen Debatte dominierende Transformationsthema. Daneben findet aber auch mehr oder weniger schleichend die digitale Transformation statt, ferner eine Transformation zu einem Einwanderungsland mit einer ausgearbeiteten Integrationspolitik oder zumindest zu einer Gesellschaft mit einer resilienten Migrationspolitik. Neben politischem Gesellschaftsumbau, Nachhaltigkeit, Digitalisierung und Sicherheit lassen sich gegebenenfalls weitere Themen identifizieren, in denen massive Transformationsanforderungen an die Gesellschaft gestellt werden: man denke etwa an die alternde Gesellschaft, an Diversität und Chancengleichheit. Dabei ist »Transformation« ein schillernder Begriff, bewegt er sich doch ganz bewusst zwischen Reform und Revolution. Transformation ist kein x-beliebiger sozialer Wandel, sondern er beansprucht, ein grundlegender Wandel zu sein, der also eine signifikant andere Gesellschaft produziert, ohne aber die Dystopie zu verbreiten, dass damit alle Ordnungsstrukturen einer Gesellschaft erodieren.

Für die Soziologie sind solche im öffentlichen Diskurs ubiquitären, schillernden Begriffe nicht zuletzt deshalb interessant, weil sie viel über die Verfasstheit der Gesellschaft selbst aussagen. Die Wirkung des Begriffs ist aber viel unmittelbarer: Gesellschaftspolitisch wird von der Soziologie erwartet, dass sie den wertneutralen Elfenbeinturm verlässt und sich aktiv, wenn nicht gar als Leitdisziplin, an der gesellschaftlichen Transformationbeteiligt. Was bedeutet das für die Soziologie? Können Erfahrungen seitens der soziologischen Innovationsforschung, der Umwelt- und Nachhaltigkeitssoziologie oder der Organisationssoziologie zu Maßnahmen des organisationalen (und partizipativen) Umbaus fruchtbar gemacht werden? Wie steht es mit der guten alten *action research* oder ähnlichen Partizipationsverfahren der 70er Jahre (zum Beispiel die »Planungszelle«)? Und wie unterscheiden sich diese betagten Verfahren von neueren Ansätzen, allen voran die wie Pilze aus dem Boden schießenden Reallabore? Diese und ähnliche Fragen waren Gegenstand der Tagung Transformationssoziologie, die von Roger Häußling, Claudius Härpfer und Marco Schmitt vom Lehrstuhl für Technik- und Organisationssoziologie der RWTH Aachen ausgerichtet wurde. Unterstützt wurde die Tagung durch das HumTec-Center der RWTH und der Sektion Umwelt- und Nachhaltigkeitssoziologie.

Eine Vielfalt an Formaten bot den 110 Teilnehmenden – ganz im Sinne der Transformation – die Möglichkeit, die Persistenz eigener (Tagungs-)Routinen zu überprüfen und der offenen und unabgeschlossenen Diskussionslage Rechnung zu tragen. Die Agenda der Tagung wurde durch die Wahl der Beitragsformate transparent: Es sollte diskutiert werden, es ging um Austausch und Vernetzung. Rund die Hälfte der insgesamt 26 (zum Teil internationalen) Beiträge waren Impulsvorträge: eine dynamischere Form des klassischen Vortrags mit der Intention, in freier Rede mit teils zugespitzten Thesen Diskussionen zu provozieren. Impulsvorträge gab es unter den Klammern »Methoden« und »Theorien transformativen Forschens« und zum Thema »Nachhaltigkeit«. Etwa ein Viertel der Beiträge bestand aus sogenannten Werkstattgesprächen: Anspruch war, dass Vortragende am konkreten Material einen kurzen Impuls liefern, der anschließend ausgiebig diskutiert und bearbeitet wird. Werkstätten sind offen konzipiert, um (interaktiv) Fragen zu generieren und zu besprechen. Zusätzlich gab es ein *Poster World Café* für informellen und interaktiven Austausch und ein digitales Whiteboard zum Festhalten von Kommentaren und Ideen.

Die großen Themen wurden von den drei Keynotes eingefangen. Der inhaltliche Auftakt oblag *Sighard Neckel* (Hamburg) mit dem Titel »Die blockierte Transformation. Zum sozial-ökologischen Dilemma der Gleichzeitigkeit«. In seinem Vortrag besprach er die Herausforderungen einer »großen« gesellschaftlichen Transformation sowie die demokratischen Bedingungen, vor deren Hintergrund eine Transformation angestrebt wird (und jeder Pragmatismus des »Transformierens« zu sehen ist). Dennoch gehe es darum, eine mittlere/vermittelnde Position zwischen gesellschaftlicher Kritik (Verweis auf Probleme und Dilemmata) und aktiver Beteiligung am Transformationsgeschehen zu entwickeln, um der zunehmenden Beschäftigung von Sozialwissenschaftlern in Transformationsprojekten Rechnung zu tragen. Dies legte auch *Henning Laux* (Hannover) in seinem abschließenden Vortrag »Transformative Soziologie – Ein Baustellenbesuch« nahe, um an die Turning Points in solchen Transformationsprozessen heranzukommen. Jene vermittelnde Ebene fokussierte auch *Melanie Jaeger-Erben* (Cottbus) in ihrer Keynote mit dem Titel »How to get the right (sociological) spin?«, um von Kritik zu konkreter Veränderung zu gelangen und welches Rollenverständnis dies eigentlich nahelegt.

Charakteristisch für die Aachener Tagung war eine Vielzahl von projektassoziierten und problemorientierten Vorträgen, die sich mit experimentellen Praktiken, sozialen Innovationen, technologischen Prototypen und soziologischer Forschung in transdisziplinären Kontexten beschäftigten.

Transformationen verweisen unabhängig von ihrer Betrachtungsebene – sei es das Individuum, das Netzwerk, die Organisation oder die Gesellschaft(en) – stets auf angrenzende oder relational-verbundene Phänomenbereiche und Sozialformationen, die sich entweder gar nicht oder langsamer transformieren. Transformationsansätze, -initiativen und -vorstellungen scheitern meist nicht an mangelndem Wissen, sondern am Skalierungs- und Konnektivitätsproblem. Somit werden andere Anforderungen an die Rollen der Wissenschaftler:innen in den Projekten gestellt, die häufig intentionale Positionierungen und Richtungsweisungen in komplexen Umfeldern verlangen, die das Ideal wertneutraler Forschung wenigstens tangieren, häufig aber auch gefährden. Transformationen sind intentional – auch wenn nicht ganz geklärt werden konnte, wer oder was sie intendiert und was zu intendieren ist. Dennoch verändert sich die Rolle der Soziologie in der Gesellschaft, wenn reflektierte Beteiligung zwischen distanzierter Beobachtung und engagierter Mitwirkung zum Modus der soziologischen Arbeit wird. Die Tagung zeigt, dass sich weitere Diskussionen anschließen müssen, und so sind bereits Vorbereitungen für Anschlusstagungen im Gange.

Roger Häußling, Tim Franke, Claudius Härpfer, Marco Schmitt, Elisabeth Süßbauer, Rubén Kaiser und Marco Sonnberger

In memoriam Franz-Xaver Kaufmann (22. August 1932 – 7. Januar 2024)

Franz-Xaver Kaufmann ist am 7. Januar 2024 im Alter von 91 Jahren in Bonn verstorben. 1932 in Zürich geboren und in einer Anwaltsfamilie im Milieu des Zürcher Diasporakatholizismus aufgewachsen, studierte Kaufmann zunächst Jura in seiner Heimatstadt, dann Wirtschaftswissenschaften in St. Gallen und schließlich Soziologie in Paris, unter anderem bei Raymond Aron. Für dieses »Bürgersöhnchen«[1] war es mutig, sich der unansehnlichen Disziplin Soziologie zuzuwenden. Nach zwei Jahren in der Basler Chemieindustrie kam Kaufmann 1963 nach Deutschland, zunächst zur Sozialforschungsstelle Dortmund der Universität Münster, an der damals auch Niklas Luhmann arbeitete. Kaufmann forschte dort im Rahmen eines Projekts der Deutschen Forschungsgemeinschaft zu sozialer Sicherung, das von Helmut Schelsky geleitet wurde, dem geistigen Vater der Universität Bielefeld. Dort habilitierte er sich auch.

Das Denken Luhmanns, der in Bielefeld sein Kollege blieb, beeinflusste ihn nachhaltig, vor allem die Theorie funktionaler Differenzierung der modernen Gesellschaft. Dabei fragte er aber auch nach den Bedingungen gesellschaftlicher Integration und politischer Steuerung, Kategorien, die in Luhmanns Theorie keinen Ort haben. Luhmann »hat erfolgreich versucht, das Geschäft der Philosophie mit soziologischen Mitteln zu betreiben, das heißt die soziale Welt der Moderne im Ganzen zu begreifen. Mich interessierte stets die Rekonstruktion konkreterer Zusammenhänge, welche die Lebenssituation und die kulturellen Orientierungen der Zeitgenossen beeinflussen.« Es ging ihm also um Theorien mittlerer Reichweite. »Aber Theorien mittlerer Reichweite brauchen einen gesellschaftstheoretischen Horizont, und hier blieb Luhmann für mich eine ständige Anregung«, schreibt Kaufmann in seinem Band »Zwischen Wissenschaft und Glauben« (S. 20).

1968 wurde Kaufmann als einer der ersten Professoren der Universität Bielefeld, noch vor ihrer eigentlichen Gründung, zum Professor für Soziologie und Sozialpolitik berufen und blieb bis zu seiner Emeritierung im Jahre 1997. Kaufmanns erste Jahre fielen in die Zeit des gesellschaftlichen Aufstiegs der Soziologie, die sich teilweise als Subversions- oder gar Revolutionstheorie verstand. Kaufmanns Anliegen war dagegen der Versuch, soziale Sachverhalte

---

[1] So bezeichnet sich Kaufmann selbst in seinen 2014 unter dem Titel »Zwischen Wissenschaft und Glauben« erschienenen persönlichen Reflexionen.

zuallererst zu verstehen, so Jürgen Kaube in seinem Nachruf in der Frankfurter Allgemeinen Zeitung –»Strukturierung schlecht definierter Probleme und Situationen« nannte es Kaufmann schon 1984 in der KZfSS.

Er war ein herausragender Wissenschaftler und Intellektueller, der vielfach mit Preisen und Ehrendoktoraten ausgezeichnet wurde, darunter 2012 der Preis der Deutschen Gesellschaft für Soziologie für sein Lebenswerk. Er war Mitbegründer der Bielefelder Fakultät für Soziologie im Jahre 1969 und hat das Reformkonzept einer »aktiven Professionalisierung« in der damals noch sehr akademisch orientierten soziologischen Ausbildung wesentlich geprägt. 1980/81 gründete er im Auftrag der Landesregierung das Institut für Bevölkerungsforschung und Sozialpolitik (IBS), dessen Direktor er bis 1992 war. 1979 bis 1983 war er Direktor am Zentrum für interdisziplinäre Forschung (ZiF) und leitete dort eine internationale Forschungsgruppe, der spätere NobelpreisträgerInnen angehörten. 1994 trug er zur Gründung der neuen Fakultät für Gesundheitswissenschaft bei.

Sein intellektueller Horizont war immens. Nur sehr wenige WissenschaftlerInnen schaffen es, in drei großen und eigenständigen Forschungsgebieten der Soziologie zu den anerkannten, bis heute oft zitierten Autoritäten zu gehören. Bei Kaufmann war dies die Sozialpolitik- und Wohlfahrtsstaatsforschung, die Familienforschung und die Religion- und Kirchensoziologie. Das diese Bereiche überspannende Thema war die Frage nach den Bedingungen sozialen Zusammenhalts und personaler Existenz in der funktional differenzierten und individualisierten Gesellschaft. Hinzu kamen maßgebliche Arbeiten zur Bevölkerungssoziologie, zur Verwaltungswissenschaft, zur Anwendungsforschung und anderen Gebieten.

Sein Denken war durch und durch soziologisch, zugleich war Interdisziplinarität für seine Arbeit konstitutiv, und auch seine akademische Karriere berührte mehrere Disziplinen. Wissenschaftsgeschichtlich hat er wesentlich zur Soziologisierung der Analyse zentraler gesellschaftlicher Feldern beigetragen. Erstens hat Kaufmann die moderne soziologische Sozialpolitikforschung in Deutschland seit den 1970er Jahren wesentlich mitbegründet, manifest in der Gründung der Sektion Sozialpolitik in der DGS im Jahr 1978. Zuvor war Sozialpolitik primär Gegenstand von Wirtschafts- und Rechtswissenschaft gewesen. Der Wandel der Sozialpolitik von Klassenpolitik zur Politik individueller Lebenslagen und umfassender Daseinsvorsorge nach dem Zweiten Weltkrieg erheischte eine soziologische Analyse, und Kaufmann ergriff diese Chance. Zweitens, zu unterscheiden von der Sozialpolitikanalyse, hat Kaufmann einen genuin soziologischen Zugang zur Wohlfahrtsstaatsanalyse entwickelt. Die Literatur zum Wohlfahrtsstaat füllt Regale, aber erstaunlicherweise wurde und wird sehr selten und selten soziologisch untersucht, was der Wohlfahrtsstaat *ist*, was ihn ausmacht. Dominant sind politökonomische Theorien, die nach den *politics* des Wohlfahrtsstaates und korrelierenden politischen Großideologien fragen, paradigmatisch Esping-Andersen. Kaufmann analysierte dagegen das merkwürdig zerklüftete Nachkriegsgebilde »Wohlfahrtsstaat« als soziale Struktur sui generis, als interorganisationales Geflecht (»Sozialsektor«) und zugleich als »Kultur«, die evolutionär unwahrscheinlich ist und sich nur in den Ländern West- und Nordeuropas sowie einigen Ländern des früheren Commonwealth herausgebildet hat. In diesem Sinne kann Jürgen Kaube Kaufmann als »Soziologen unserer Staatsform« bezeichnen.

Drittens trug Kaufmann wesentlich zu einer Soziologie des Katholizismus bei, in einer Zeit, in der die Religionssoziologie sich eher mit Entkirchlichung beschäftigte. Viertens brachte Kaufmann in die Bevölkerungswissenschaft und -politik den Begriff »Humanvermögen« ein, der auf personale Voraussetzungen von Gesellschaft jenseits von Quantität und Arbeitsmarkttauglichkeit zielt.

Neben seiner Forschungstätigkeit war Kaufmann auch ein öffentlicher Intellektueller, aber nicht im Sinne eines politischen Aktivisten, sondern durch breite Präsenz in einer bürgerlichen Öffentlichkeit von Beiräten und Kommissionen. Insbesondere in der katholischen Kirche war er ein anerkannter und wirkmächtiger Berater, war vernetzt mit fast allen reformorientierten katholischen Theologen. In der Sicht des christlichen Sozialethikers Hermann-Josef Große Kracht war er »seit den 1970er Jahren ohne Frage die wichtigste religionssoziologische Referenzgröße im katholischen Raum.« (*soziopolis.de*) Er beriet auch die Deutsche Bischofskonferenz. Der Papst schickte zu seinem 65. Geburtstag Grüße. Das erstarrte Denken im Katholizismus von überkommenen Ballast zu befreien, nannte Kaufmann als eines seiner Motive der Zuwendung zur Soziologie. Im Kontext des Missbrauchsskandals kritisierte Kaufmann schon früh die »moralische Lethargie« des Vatikans.

Kaufmanns übergreifendes Thema war die moderne Gesellschaft, und er legte radikal ihre Widersprüche, Ambivalenzen und Abgründe offen, auch die Grenzen politischer Beeinflussung von Lebensverhältnissen in der modernen Gesellschaft. Soziologie bedeutete für ihn, eine skeptische Perspektive einzunehmen. Seine differenzierungstheoretische Modernitätskritik scheint mir tiefgründiger und umfassender als bloße Kapitalismuskritik.

Hierzu zählt auch die Diagnose einer »strukturellen Rücksichtslosigkeit« der funktional differenzierten Gesellschaft gegenüber der Familie und des Status von Kindern als Außenseiter der Gesellschaft. Was die Kirche angeht, verblüfft es, wie radikal er immer wieder wissens- und organisationssoziologisch die Erstarrung des Katholizismus und dessen Verschließen vor der Kontingenz der modernen Gesellschaft analysiert hat. Überkommene Werte und ethische Lehren, aber auch politische Ideologeme können in der Moderne keine Gewissheit mehr vermitteln. Trotzdem blieb Kaufmann engagierter Katholik und interessierter politischer Beobachter, verfiel nicht in Pessimismus oder gar Nihilismus. Vielleicht war es das Wissen um die, wie er es formulierte, konstitutive Krisenhaftigkeit und damit auch Wandelbarkeit der modernen Gesellschaft, die ihn deren Untiefen aushalten ließ, verbunden mit einer Praxisorientierung, die situativ immer nach Lösungen mittlerer Reichweite Ausschau hielt. Wichtig waren ihm dabei Differenzierung und Vergleich statt pauschaler Krisenszenarien. So gelang gemäß seiner Analysen in einigen wenigen Ländern der Aufbau von Wohlfahrtsstaatlichkeit, in vielen anderen nicht. Ähnliches gilt für die Grenzen der politischen Beeinflussbarkeit von Lebensverhältnissen: Durch meso- und mikrosoziologische Analysen sezierte er die Bedingungen des Erfolgs politischer »Steuerung« und fand, dass diese je nach Art der politischen »Intervention« sehr unterschiedlich ausfallen. Und wo Sicherheit im Sinne von Geborgenheit unter den Bedingungen der modernen Gesellschaft politisch nicht gewährleistet werden kann, kommt der Steigerung von Sicherheit im Sinne von Selbstsicherheit eine verstärkte Bedeutung zu.

Elisabeth von Thadden bezeichnete Kaufmann einmal als ein »wissenschaftliches und ethisches Frühwarnsystem«. Jahrzehnte vor einer breiteren öffentlichen Thematisierung identifizierte er gesellschaftliche Probleme, die uns noch heute auf den Nägeln brennen, und zwar nicht nur in Form einzelner Passagen und Bemerkungen, sondern theoretisch und empirisch ausgearbeitet. So analysierte er schon 1960 in seiner Doktorarbeit die Problematik einer alternden Bevölkerung, später die Folgen eines Bevölkerungsrückgangs sowie die gerade in Deutschland dringliche Frage, ob zur Sicherung der Zukunftsfähigkeit mehr in »Humanvermögen« investiert werden soll – durch Bildung, Familienpolitik und verbesserte Sozialisationsbedingungen für unterschiedliche Bevölkerungsgruppen – statt einer Steigerung monetärer Redistribution. In der Fülle seiner Arbeiten ist noch viel zu entdecken. Wenig bekannt ist zum Beispiel, dass Kaufmann zentrale Konzepte etwa zeitgleich mit angelsächsischen AutorInnen, aber unabhängig von diesen, entwickelt hat, so konzeptuelle Varianten des Begriffspaars *redistribution/ recognition* (Nancy Fraser), des *enabling state* (Neil und Barbara Gilbert) und der *capabilities* (Amartya Sen).

Schließlich war dieser Schweizer in Deutschland ein Weltbürger, der bereits 1968 in seiner Habilitationsschrift zur modernen Sicherheitsidee[2] nach den Bedingungen globaler normativer Ordnungen fragte. Als ich ihn Mitte der 2010er Jahre, als er schon über 80 Jahre alt war, zu einem Workshop in meine internationale Forschungsgruppe »Understanding Southern Welfare« an das Zentrum für interdisziplinäre Forschung in Bielefeld einlud, war er fasziniert von den Beiträgen der KollegInnen aus dem globalen Süden und bedauerte, sich an der Erforschung globaler Sozialpolitik nicht mehr beteiligen zu können. Mit den 2012 und 2013 erschienenen englischen Übersetzungen wichtiger Beiträge Kaufmanns konnten die Fellows aus dem globalen Süden viel anfangen. Auch durch einige seiner und meiner ehemaligen DoktorandInnen verbreiten sich Kaufmanns Ideen im globalen Süden. Erstaunlicherweise scheinen seine generalisierten Kategorien besser für Analysen des globalen Südens zu passen als die auf den kapitalistischen Norden zugeschnittenen politökonomischen Theorien.

Stephan Goertz hat in seiner Würdigung Kaufmanns zu dessen 80. Geburtstag 2012 in der KZfSS den wissenschaftlichen und intellektuellen Ort Kaufmanns als »soziologische Theoriebildung in praktischer Absicht« beschrieben, die sich »in die moderne Tradition einer Kritik und Meliorisierung der Verhältnisse [stellt, ...] dem moralisierenden Ruf zur unmittelbaren Verantwortung aber stets um die Reflexion des verwickelten Theorie-Praxis-Verhältnisses voraus« ist.

Die Soziologie und der Katholizismus haben einen überragenden Intellektuellen mit nie erschöpfendem Engagement und Energie verloren, der zudem seinen KollegInnen, StudentInnen und MitarbeiterInnen stets zugewandt, unterstützend und friedvoll begegnete. Jenseits seiner wissenschaftlichen Beiträge hält der 2019 an der Fakultät für Soziologie der Universität Bielefeld gestiftete und alle zwei Jahre verliehene Franz-Xaver-Kaufmann Preis für wissenschaftlichen Nachwuchs die Erinnerung an diesen Schweizer Intellektuellen wach.

Lutz Leisering

---

[2] »Sicherheit als soziologisches und sozialpolitisches Problem. Untersuchungen zu einer Wertidee hochdifferenzierter Gesellschaften« wurde 1970 bei Enke in Stuttgart veröffentlicht. Ein umfangreiches Schriftenverzeichnis findet sich in der Homepage von Franz-Xaver Kaufmann auf der Webseite der Universität Bielefeld.

In memoriam Oskar Negt
(1. August 1934 – 2. Februar 2024)

Oskar Negt war Bauernsohn. Seine Familie hatte einen Hof in Kapkeim in der Nähe von Königsberg. Sein Vater war Sozialdemokrat und saß 1918 im Arbeiter- und Soldatenrat. Oskar Negts Bruder sollte den Bauernhof übernehmen, und er war der Einzige in der Familie, der Abitur machen sollte. Er hatte fünf ältere Schwestern. Zwei von ihnen haben den damals Zehnjährigen 1945 auf der Flucht begleitet. In Dänemark lebte er mit diesen beiden Schwestern, getrennt von den Eltern, in einem Internierungslager. Nach zweieinhalb Jahren kamen sie nach Oldenburg, wo der Vater einen Bauernhof übernahm. Dort in Oldenburg machte Negt Abitur. Er war Fahrschüler und kam deshalb viel zu früh an der Schule an. Um die Zeit bis zum Unterrichtsbeginn zu überbrücken, lieh er sich von einem Freund Werke von Johann Wolfgang von Goethe aus. Der Vater jenes Jungen besaß die 20-bändige Gesamtausgabe. Negt erzählte, dass er alle Bände systematisch gelesen habe. Bei einem Vortrag zog er einen der Bände aus seiner Tasche und sagte: »Den habe ich vergessen zurückzugeben.«

Ihn allein als Soziologen zu etikettieren, wäre zu kurz gegriffen. Sein Lebenswerk stand auf vier Säulen. Die für mich wichtigste war die als Mentor der Studentenbewegung. Die zweite war die als Gründer der Glockseeschule in Hannover. Die dritte die des Soziologieprofessors, wobei er da mehr der Philosophie zugewandt war. Habermas hat in seiner Rede zu Negts 80. Geburtstag gesagt: »Ich habe Dich übrigens immer eher für einen Philosophen als für einen Soziologen gehalten – aber damals, als wir uns kennenlernten, hat man in Frankfurt eine solche Unterscheidung sowieso für obszön gehalten.« Der vierte seiner Schwerpunkte war die gewerkschaftliche Bildungsarbeit. Die Gewerkschaften fasste er als gegenwärtige Verkörperung der Arbeiterbewegung auf.

Negt studierte in Frankfurt bei Max Horkheimer und Theodor W. Adorno Philosophie und Soziologie. Dort lernte er auch Jürgen Habermas kennen, dessen Assistent er später in Heidelberg wurde.

Als *Mentor der Studentenbewegung* war er schon früh bekannt. In Frankfurt wurde Negt Mitglied des Sozialistischen Deutschen Studentenbunds (SDS), der Mitte der Fünfzigerjahre, als er ihm beitrat, noch Organisationsteil der SPD war. Warum wurde er Mitglied des SDS? Negt schreibt dazu in seinem autobiografischen Band »Erfahrungsspuren«: »Ist der Begriff des Politischen in der Dialektik von Theorie und Praxis verankert, so konnte es in dem von

Horkheimer und Adorno bestimmten Bildungsklima nicht ausbleiben, dass ich mich auch im engeren Sinne politisch betätigte. […] Bei der Gründung des SDS in Hamburg hingen zwei Großportraits an den Wänden des Versammlungsortes: die von Kant und Marx.« Zufall?

Später war Oskar Negt wegweisend für viele 68er. Am Wichtigsten war seine Rede beim Angela-Davis-Kongress am 3. und 4. Juni 1972 auf dem Opernplatz in Frankfurt. Dort hat er sich klar zur RAF positioniert, indem er erklärte, dass das, was Baader und Meinhof machten, nichts mit Sozialismus und Revolution zu tun habe. Darum könnten sie keine Solidarität beanspruchen. Das war für uns 68er wichtig, denn wir waren uns nicht sicher, welcher Gruppe wir uns in der Zeit danach anschließen sollten, einer der K-Gruppen oder ob wir die RAF unterstützen sollten. Wir hatten in Köln zu der Zeit einen alternativen Buchladen. Dort kamen RAF-Mitglieder vorbei und verlangten Geld, das wir ihnen bereitwillig gaben. Nach der Rede von Oskar Negt haben wir die Zahlungen jedoch eingestellt. Wir sind dem Sozialistischen Büro in Offenbach beigetreten, das von Klaus Vack gegründet und von Oskar Negt unterstützt wurde und basisdemokratisch arbeitete. – Negt berichtete später in den »Erfahrungsspuren«, dass er sich erst während der Rede überlegt habe, dies zu sagen, dass er in dem Moment nicht die Chance zur Klärung verpassen wollte. Und er zeigte mir die Drohbriefe, die er danach bekommen hatte. Zeitweise stand seine Wohnung unter Polizeischutz.

In der Zeit der Studentenbewegung entwickelte sich ein Konflikt mit Jürgen Habermas. Bei der Trauerfeier für Benno Ohnesorg in Hannover charakterisierte Habermas die Rede Rudi Dutschkes als »Linksfaschismus«. Als Reaktion darauf gab Negt das Buch »Die Linke antwortet Jürgen Habermas« heraus. Später entschuldigte er sich bei Habermas dafür. Habermas seinerseits sprach später davon, dass jener Begriff eine deplatzierte Äußerung gewesen sei.[1] Man kann sagen, dass beide Freunde wurden. Bei Negts runden Geburtstagen hat Jürgen Habermas die Festreden gehalten.

Die *Gründung der Glockseeschule* in Hannover als zweite wichtige Säule schloss unmittelbar an die Erfahrungen im Studium bei Adorno an. Zur 50-Jahr-Feier dieser Schule sagte Oskar Negt noch im Juni letzten Jahres in einem Interview mit der Hannoverschen Allgemeinen Zeitung: »Das war auch ein Beitrag zur Aufarbeitung und Überwindung der Nachwehen des Faschismus in Deutschland. Adorno hatte gesagt, dass Autoritätshörigkeit

---

1 So äußerte er sich in einem Interview, das ich zusammen mit Willem van Reijen führte und das in Habermas' »Kleinen Politischen Schriften I–IV« 1981 bei suhrkamp veröffentlicht wurde.

in autoritären Strukturen entsteht – und die gab es damals in vielen Schulen. Wir wollten die Kinder mit eigenem Urteilsvermögen ausstatten.« Das exemplarische Lernen bildete die Basis des Unterrichts in der Glockseeschule. Statt stur dem Aufbau des Lehrbuchs zu folgen, zum Beispiel Mathematik 1 bis 10, wird an Erfahrungen der Beteiligten angeknüpft und neue Erfahrungen werden gemacht. Die Schülerinnen und Schüler bringen sich ein. Und das wird thematisiert. Es ist die Methode des Sokrates, der nachfragt: »Was meinst du damit?« Damit wird das Gespräch auch für die anderen eröffnet. Dieser Gedanke liegt der Methode von Martin Wagenschein zugrunde, die Negt aufgriff. Sie gab seinem nach meiner Ansicht wichtigsten Buch den Titel: »Soziologische Phantasie und exemplarisches Lernen. Zur Theorie der Arbeiterbildung« (1968). Dieses Prinzip war natürlich – wie der Untertitel verrät – auch für die Arbeiterbildung wegweisend.

Dass ein solcher, im Anfang so genannter »Schulversuch« überhaupt gestartet werden konnte, hatte Negt seinen engen Kontakten zum damals 28-jährigen Oberbürgermeister Herbert Schmalstieg, zum Kultusminister Peter von Oertzen, zum Leiter der Staatskanzlei Ernst Gottfried Mahrenholz und zum Landtagsabgeordneten Rolf Wernstedt zu verdanken, die das Projekt allesamt unterstützten.

Die dritte Säule ist kurz beschrieben: Negt war seit 1971 *Soziologieprofessor* in Hannover. Bei den Stellenbesetzungen am Institut blieb er seinem Prinzip treu: Die Stellen mussten einen Bezug zur Praxis haben. So kamen die Mitarbeiter aus verschiedenen Arbeitsbereichen und präsentierten diese, beispielsweise aus der Gewerkschaftsarbeit (Karsten Reinecke), aus den Wirtschaftswissenschaften (Horst Kern, Otfried Mickler, Ernst Theodor Mohl, Rudolf Sinz), aus der Theologie (Martin Lähnemann) und aus der Lateinamerikaarbeit (Klaus Meschkat).

Negt selbst hat vornehmlich über Marx und Kant Vorlesungen gehalten. Diese Vorlesungen sind in der inzwischen erschienenen 20-bändigen Gesamtausgabe enthalten. Habermas brachte es anlässlich von Negts Abschiedsvorlesung auf den Punkt: »Kant und Marx sind tatsächlich die Sterne Deiner akademischen Sternstunden geblieben.«

Die vierte Säule ist die schon erwähnte *gewerkschaftliche Bildungsarbeit*. Dieser lagen die Einsichten zugrunde, die Negt selbst bei seiner Arbeit an der Gewerkschaftsschule in Oberursel gewonnen hatte und die in dem schon erwähnten Buch »Soziologische Phantasie und exemplarisches Lernen« festgehalten sind. Es sind die auch für die Glockseeschule grundlegenden Prinzipien des exemplarischen Lernens. Die lebenslange Verbundenheit mit den Gewerkschaften fand ihren Ausdruck unter anderem darin, dass der DGB-Vorsitzende Reiner Hoffmann die Festrede zu Negts 85. Geburtstag hielt. Die gewerkschaftsnahe Hans Böckler-Stiftung stellte über mehrere Jahre einen Assistenten, Hendrik Wallat, der die Gesamtausgabe betreute und dem Negt 2016 im Vorwort seiner Autobiografie »Überlebensglück« ausdrücklich dankt.

Diese vier Säulen, denen die Idee von Bildung und Engagement gemeinsam ist, tragen ein umfassendes und höchst beachtliches Lebenswerk. Am 2. Februar 2024 ist Oskar Negt nach langer schwerer Krankheit in Hannover gestorben.

Detlef Horster

In memoriam Friedhelm Neidhardt
(3. Januar 1934 – 31. Oktober 2023)

Friedhelm Neidhardt konnte, bevor er im Alter von fast 90 Jahren verstarb, auf eine sehr erfolgreiche akademische Karriere zurückblicken. Geboren wurde er in Ostwestfalen in der Nähe von Bielefeld. Dort wuchs er in einem protestantisch-bürgerlichen Elternhaus auf, das gegenüber dem Nationalsozialismus eine kritische Haltung einnahm. Das Klavier- und Orgelspiel und der Sport in einer Feldhandballmannschaft interessierten ihn in seiner Jugend mehr als die Schule. 1954 machte er in Bielfeld sein Abitur, und 1958 schloss er das Studium der Volkswirtschaftslehre mit dem Diplomexamen an der Universität Kiel ab. Danach verbrachte er ein Jahr als Fulbright-Stipendiat an der Indiana University in Bloomington. Dieser Studienaufenthalt machte ihn mit der Soziologie vertraut und motivierte ihn zu einem Kurswechsel von der Ökonomie hin zur Soziologie. 1962 wurde Friedhelm Neidhardt an der Universität Kiel im Fach Soziologie promoviert. Die Habilitation erfolgt 1968 in der LMU München. Im selben Jahr wurde Neidhardt im Alter von 34 Jahren auf eine Professur in Hamburg berufen. Es folgten Stationen an den Universitäten Tübingen und Köln. Ab 1988 und bis zu seiner Emeritierung im Jahr 2000 war Friedhelm Neidhardt am Wissenschaftszentrum für Sozialforschung Berlin tätig, zuerst als Direktor der Abteilung »Öffentlichkeit und soziale Bewegungen« und ab 1994 als Präsident des WZB.

Während sich manche Soziologen und Soziologinnen frühzeitig auf ein Themenfeld spezialisieren und dieses immer weiter in die Tiefe bearbeiten, tangieren die Forschungen Friedhelm Neidhardts recht unterschiedliche Felder der Soziologie. Seine auf einer Umfrage basierende Dissertation über Studentennetzwerke und Gruppen in einem studentischen Wohnheim bildete den Auftakt seiner wissenschaftlichen Veröffentlichungen, die von weiteren jugendsoziologischen Arbeiten begleitet wurden. Es folgten Arbeiten zur sozialen Schichtung der Bundesrepublik, zu denen die Habilitationsschrift und der zusammen mit Karl Martin Bolte und Dieter Kappe publizierte Band »Soziale Schichtung« gehören. Familiensoziologische Studien standen im Zentrum seiner Forschungen in den 70er Jahren. Gruppensoziologie und gruppensoziologische Analysen des Terrorismus, insbesondere der RAF stellten einen der Arbeitsschwerpunkte an der Universität Köln in den Jahren 1975 bis 1988 dar. Forschungen im Bereich der Sportsoziologie und der Wissenschaftssoziologie bildeten den zweiten Schwerpunkt der Kölner Zeit, darunter auch die 1988 erschienene Studie

»Selbststeuerungsprozesse in der Forschungsförderung« über das DFG-Gutachterwesen. Mit dem Wechsel von der Universität Köln zum Wissenschaftszentrum Berlin und der Gründung der neuen Abteilung »Öffentlichkeit und soziale Bewegungen« rückten Analysen aus dem Bereich der politischen Soziologie in das Zentrum seiner Aufmerksamkeit, hier vor allem Forschungen zur Struktur der massenmedial hergestellten Öffentlichkeit und der Rolle sozialer Bewegungen. Nach seiner Emeritierung wurden die wissenschaftssoziologischen Arbeiten wieder aufgegriffen und fortgesetzt.

Neidhardt war, wie er selbst betonte, weder theoretisch noch methodisch konfessionalisiert. Er stand den Glasperlenspielen der großen Theoriegebäude skeptisch gegenüber. Zwar ließ er sich von diesen inspirieren, suchte aber immer den Bodenkontakt zur Empirie und nutzte die großen Theorien zur konzeptionellen Erfassung sozialer Phänomene. Illustrieren lässt sich dieses für ihn typische Vorgehen an seiner hervorragenden, 1968 eingereichten, aber leider unveröffentlichten Habilitationsschrift zum Thema »Soziale Schichtung und sozial Stabilität«. In der Traditionslinie des amerikanischen Strukturfunktionalismus stehend knüpft er an die von Talcott Parsons entworfene und später von Niklas Luhmann weiterentwickelte Theorie symbolisch generalisierter Medien an und unterscheidet zwischen Geld, Macht, Wissen und Reputation als den vier zentralen Medien der Koordination von Interaktionen. Während die Systemtheorie die Medien verschiedenen Teilsystemen zuordnet, wechselt Neidhardt die Perspektive und betont, dass die Verfügung über die vier Medien auf die Mitglieder einer Gesellschaft unterschiedlich verteilt ist, woraus sich die Sozialstruktur einer Gesellschaft als mehrdimensionale Schichtungsstruktur ergibt. Mit diesem Schachzug übersetzt er die Theorie funktionaler Differenzierung in eine Theorie vertikaler Differenzierung. Er entwickelt Vorschläge, wie sich die vier Medien empirisch messen lassen und illustriert seinen konzeptionellen Vorschlag der Erfassung einer Schichtungsstruktur mit Hilfe von empirischen Daten. Schließlich diskutiert er, ob und wie sich ein Medium in ein anderes konvertieren lässt. Die Habilitationsschrift nimmt Überlegungen vorweg, die 1979 in einer anderen Theoriesprache von Pierre Bourdieu in dessen Hauptwerk »La distinction« formuliert wurden.

Die Qualitätskontrolle von Wissenschaft im Allgemeinen und der Soziologie im Besonderen war Friedhelm Neidhardt immer ein besonderes Anliegen. Die weitgehende Autonomie der Wissenschaft in einer funktional differenzierten Gesellschaft ließe sich nach seiner Ansicht nur legitimieren, wenn sich die Wissenschaft der Selbstkontrolle unterwirft, Kriterien der

Messung von Qualität definiert und Verfahren ihrer Operationalisierung institutionalisiert. Dass sich die Lehrenden an deutschen Universitäten zu wenig um die Belange der Studierenden kümmerten, veranlasste ihn Ende der 1980er Jahre dazu, zusammen mit dem SPIEGEL eine bundesweite Befragung an deutschen Universitäten durchzuführen, um die Qualität der Lehre aus Sicht der Studierenden zu messen. Die Ergebnisse der Umfrage wurden im Dezember 1989 unter der Überschrift »Welche Uni ist die beste?« als Titelgeschichte des SPIEGEL mit einer Rekordauflage veröffentlicht und im SPIEGEL-Spezial Nr. 1 »Studieren heute« im Frühjahr 1990 ausführlicher dargestellt. Die Studie resultierte in dem ersten, großangelegten deutschen Universitätsranking. Sie löste eine heftige wissenschaftliche und hochschulpolitische Debatte aus und lieferte den Anstoß zu weiteren Versuchen der Qualitätsmessung der Lehre.

Ein weiterer Vorstoß Neidhardts, die Qualitätskontrolle von Wissenschaft zu verbessern, bezog sich auf den Bereich der Forschung und hier speziell auf die Forschungsleistungen der deutschen Soziologie. Ende der 2000er Jahre hatte Neidhardt die Leitung einer Arbeitsgruppe übernommen, die im Auftrag des Wissenschaftsrats die Forschungsleistungen der Soziologie an deutschen Universitäten und außeruniversitärer Einrichtungen analysieren sollte. Neidhardt war unzufrieden mit der sich zunehmend etablierenden Praxis, die Forschungsleistungen über die eingeworbenen Drittmittel oder andere vermeintlich objektive Indikatoren zu bestimmen. Die Arbeitsgruppe versuchte, ein neues Bewertungsverfahren von Forschungsleistungen zu entwickeln, das Neidhardt als »informed peer review« bezeichnete, und das als Verfahren auch für andere Fächer verwendbar sein sollte, wie er 2008 unter dem Titel »Das Forschungsrating des Wissenschaftsrats« in der SOZIOLOGIE ausführte. In die Bewertung von Forschungseinheiten sollten zwar verschiedene Kennziffern (Anzahl und Qualität von Publikationen, Impact, Drittmittel etc.) einfließen. Aus diesen Maßzahlen allein ließen sich aber keine validen Bewertungen ableiten. Entscheidend sei es, dass Gutachter:innen prüfen, ob und in welchem Maße die verfügbaren Indikatoren auch valide sind. Dazu sei eine intensive Lektüre von ausgewählten Schriften unabdingbar.

Friedhelm Neidhardt hatte im Verlauf seiner Karriere eine Vielzahl an Ämtern in der wissenschaftlichen Beratung der Politik und der Selbstorganisation der Wissenschaft inne. Als Student war er ASTA-Vorsitzender an der Universität Kiel, als Hochschullehrer unter anderem Rektor der Hamburger Akademie für Wirtschaft und Politik, Vorsitzender der Familienberichtskommission des Deutschen Bundestags, Mitglied der Gewaltkommission des Deutschen Bundestags, Mitglied des Vorstands der Deutschen Gesellschaft für Soziologie, Fachgutachter der Alexander von Humboldt Stiftung und der Deutschen Forschungsgemeinschaft, Vorsitzender der Wissenschaftlichen Kommission des Wissenschaftsrats, langjähriger Herausgeber der Kölner Zeitschrift für Soziologie und Sozialpsychologie, Vorsitzender des Kuratoriums der Gesellschaft Sozialwissenschaftlicher Infrastruktureinrichtungen (GESIS) und nach 1990 Gründungsbeauftragter des Fachbereichs Sozialwissenschaften der Humboldt-Universität und Gründungsmitglied der Berlin-Brandenburgischen Akademie der Wissenschaften. Die Vielzahl der erfolgreich ausgeübten Ämter hatte Ehrungen zur Folge wie zum Beispiel das Bundesverdienstkreuz und die Ehrendoktorwürde der Humboldt Universität.

Es ist nicht ohne Grund, dass Friedhelm Neidhardt so häufig in zentrale wissenschaftspolitische Positionen berufen wurde, in denen er dann häufig die Rolle des vermittelnden Dritten übernahm. Seine mustergültige Karriere ist ihm nie zu Kopf gestiegen. Seine Erfolge rechnete er sich nur partiell selbst zu, sondern auch den günstigen Rahmenbedingungen der Nachkriegszeit, den Gelegenheitsfenstern, die sich ihm boten und frühen Förderern wie Karl Martin Bolte und René König. Aus dieser, sich selbst reflektierenden und kontextualisierenden Sicht erwuchs seine selbstbewusste Bescheidenheit. Neidhardt neigte weder dazu, sich selbst zu über- noch zu unterschätzen. Er ruhte in sich und wählte seine Worte mit Bedacht. Seine Sprache war druckreif und so wie sein Denken und seine Analysen feindifferenziert. Er war ein Mensch der leisen Töne und der Zwischentöne. Der Imperativ war ihm fremd, der Konjunktiv derjenige Modus, der ihm am nächsten war, weil die Möglichkeitsform die Kontingenzen des sozialen Miteinanders mit in Betracht zieht. Als ich als Student an der Universität Köln bei ihm Vorlesungen und Seminare besuchte, war ich zwar von seiner analytischen Schärfe fasziniert, fand seine bisweilen distanzierte Art und das geringe Pathos seiner Rede aber eher etwas langweilig. Ich musste selbst älter werden, um zu verstehen, dass dahinter eine Lebensphilosophie des wechselseitigen Respekts und des Takts stand. Der unter vielen Kollegen und Kolleginnen verbreitete Klatsch über nicht anwesende Personen war ihm fremd. Neidhardt hatte ein tiefes Verständnis für die Lebensumstände anderer Menschen und pflegte einen respektvollen Umgang mit ihnen. Auf sein Urteil war Verlass, weil es ausgewogen begründet und für die Beurteilten nie verletzend und er selbst glaubwürdig war.

Sein ausgeprägtes Maß an Selbstreflexion spielte auch im fortgeschrittenen Alter eine große Rolle. Friedhelm Neidhardt wusste sehr genau, dass im Alter die körperlichen und geistigen Kräfte nachlassen, konnte darüber reden, ohne zu klagen, und hat daraus für sich die entsprechenden Schlussfolgerungen gezogen. So vermied er in den letzten Jahren öffentliche Auftritte. Und als er mir das Manuskript seines letzten Artikels zuschickte, der vor einem Jahr unter dem Titel »Zugutachterei. Bedingungen und Folgen korruptiver Nachsicht« in der SOZIOLOGIE erschienen ist, war dies mit dem Kommentar verbunden, dass dies sein letzter Text sein werde. Die deutsche Soziologie verliert mit ihm einen hervorragenden Wissenschaftler und Steuermann wissenschaftlicher Institutionen und einen feinen Menschen.

Jürgen Gerhards

In memoriam Gert G. Wagner
(5. Januar 1953 – 28. Januar 2024)

Der langjährige Leiter des Sozio-oekonomischen Panels (SOEP) und ehemalige Präsident des Deutschen Instituts für Wirtschaftsforschung (DIW Berlin) verstarb im Alter von 71 Jahren in Berlin. Mit ihm verlieren wir vor allem einen profilierten, empirisch orientierten Volkswirt und Soziologen, der sich in der Soziologie in vielen wissenschafts-, sozial- und gesellschaftspolitischen Themenfeldern im In- und Ausland engagierte. Gert Wagner scheute sich nicht, in der Soziologie auch provozierende Thesen in laufende Debatten einzubringen, diese beharrlich argumentativ zu verteidigen und in Forschungsprojekten sowie einer großen Zahl an Publikationen weiterzuentwickeln. 2008 auf dem 34. Kongress der Deutschen Gesellschaft für Soziologie in Jena ging es plötzlich um nichts weniger als um die Verteidigung der Soziologie gegen die Einschränkung ihres Erklärungsanspruchs: Die Sektionen Soziale Indikatoren und Medizin- und Gesundheits-Soziologie hatten eine Veranstaltung unter dem technisch klingenden, etwas lang gezogenen Titel »Biomarker und die Soziologie sozialer Ungleichheit in der Gesundheit: neuere Entwicklungen in den Messmethoden soziologischer Verlaufsforschung und der Life-Time-Epidemiology« ausgerichtet. Zwei Positionen standen einander sofort gegenüber. Die einen interpretierten Durkheims Motto, Soziologie erkläre Soziales nur durch Soziales, in der Weise, dass in soziologischen Untersuchungen genetische und körperliche Indikatoren beziehungsweise operationalisierte Variablen keinen Platz hätten. Schuster, bleib bei Deinem Leisten und bei Deinem Zunftmonopol. Die anderen sahen die Stärken soziologischer Analysen sozialer Ungleichheit gerade darin, ›natürliche Unterschiede‹ und ›soziale Ungleichheit‹ in Gesundheit und Altern aufeinander beziehen zu können, und legten entsprechende Erklärungs- und Untersuchungsdesigns vor. Unter Berufung nicht zuletzt auf Kant wurde die Leiblichkeit des Menschen, die Bewältigung der ›Natur‹ selbst als Soziales gesehen. Auch diese Kolleg:innen distanzierten sich keineswegs von Durkheims Leitprinzip. Gleichwohl betrachteten sie den Ausschluss genetischer Indikatoren aus soziologischen Analysen sowie Forschungsdesigns vor allem zu sozialer Ungleichheit als eine nicht länger vernünftig zu rechtfertigende Selbstverstümmelung des Erklärungsanspruchs der Soziologie. 2008 hatte sich noch nicht herumgesprochen, was wir heute wissen: Genetische Variablen *allein* erklären überraschend wenig. Erklärungskraft gewinnen sie erst in Interaktionseffekten mit sozialen und auch kulturellen Faktoren. Damals fürchteten einige noch, genetische Untersuchungen könnten der Soziologie den Boden entziehen. Daher die damalige Schärfe der Diskussion. Dass diese Debatte auch aktuell in der Soziologie noch nicht abgeschlossen ist, belegt der Beitrag zur »Soziogenomik« im vorigen Heft der SOZIOLOGIE. Diesen Diskussionsort eines Soziologiekongresses hatte sich Gert G. Wagner ausgesucht, um eine Innovation im Kontext des Sozio-oekonomischen Panels, der weltweit zweiten, inzwischen 40 Jahre laufenden Langzeituntersuchungen von Familien und Haushalten, einer kritischen Erörterung auszusetzen: Anhand von Ergebnissen aus Pilotstudien wurde zur Diskussion gestellt, ob und wie man perspektivisch auch im SOEP nicht-invasive Indikatoren gewinnen könnte.[1] Gert Wagner hatte das SOEP bereits als langjähriger Geschäftsführer des Sonderforschungsbereichs »Mikroanalytische Grundlagen der Gesellschaftspolitik« (Sfb 3) an der Universität Frankfurt am Main seit Anfang 1983 mitvorbereitet und stets vorangetrieben. 1989 übernahm er die Leitung von Hans-Jürgen Krupp am Berliner DIW. Er hätte die Erörterung der möglichen SOEP-Erweiterung in Berlin in eigenen Räumen oder in den statistischen Ämtern oder im MPI für Bildungsforschung suchen können. Er entschied sich für den Soziologie-Kongress in Jena. Er hatte eine ziemlich präzise Ahnung von dem, was ihn erwartete. Gert Wagners Lebensthema war die Soziologie sozialer Ungleichheit und vor allem deren Persistenz sowie Veränderung nicht nur im intraindividuellen, sondern auch im intergenerationalen Kontext. Zugleich war er davon überzeugt davon, dass auch in der Soziologie nur mit Hilfe einer evidencesowie kritisch datenbasierten Grundlage wissenschaftliche Erkenntnisfortschritte erzielt werden können.

Soziologisch, auch familiensoziologisch unterscheidet sich das SOEP deutlich von seinem Vorbild, der bereits im Jahr 1968 begonnenen und inzwischen mehr als 55 Jahren laufenden US-amerikanischen »Panel Study of Income Dynamics« (PSID). In der deutschen Studie wird nicht nur ein ›Haushaltsvorstand‹, sondern es werden *alle* erwachsenen Mitglieder, später auch Kinder eines Haushalts jedes Jahr zu verschiedenen soziologisch, psychologisch und vor allem auch ökonomisch relevanten Entwicklungen befragt und absolvieren soziologische und psychologische Tests. Im Laufe der Generationen wurden sogar Mortalitätsstudien sowie deren sozio-demographische Variationen mit dem SOEP möglich, da von Anfang an nach den

---

[1] Konkret wurde von der Bereitschaft, bei Befragungen Speichelproben für genetische Bestandsaufnahmen abzugeben, und auch von der Messung der Handkraft berichtet.

Eltern gefragt wurde. Soziologisch fruchtbar wurde auch eine von Wagners ersten Amtshandlungen, als er 1989 die Leitung des SOEP übernahm: die Ausweitung des Befragungsgebiets der alten Bundesrepublik auf das Gebiet der damaligen DDR. Der Start der Befragung der Privathaushalte begann bereits im Juni 1990 und außerordentliche 70 Prozent der angefragten DDR-Bürger:innen beteiligten sich. Als vermutlich einziges Haushaltspanel auf der Welt schlägt sich im SOEP der Übergang von einem Staat in einen anderen nieder.

Gert Wagner hatte in Frankfurt bis zum Vordiplom Soziologie studiert und dann in Volkswirtschaftslehre diplomiert. Seine Diplomarbeit wurde, wie 1984 seine Doktorarbeit und 1992 seine Habilitationsschrift von Christof Helberger betreut, einem Mitglied der sozialwissenschaftlichen Arbeitsmarktforschung. Helberger pflegte zu sagen, in der Arbeits(markt)forschung könne man nicht erkennen, wer Soziologe, wer Ökonom sei, alle arbeiteten auf gleiche Weise. Er schlug Wagner als Thema für die Diplomarbeit entweder die Rentenversicherung oder das Gesundheitswesen vor. 2019, in einem Interview mit Karen Horn für die Zeitschrift *Perspektiven der Wirtschaftspolitik* sagte Gert Wagner, der seinen Vater mit zweieinhalb Jahren verloren hatte und dessen Mutter und Großmutter ihn in der Kleinstadt Kelsterbach am Frankfurter Flughafen aufgezogen hatten: »Krank sein war nach dem Tod meines Vaters in der Familie verboten.« Deswegen habe er sich für ein Thema aus dem Bereich der Rentenversicherung entschieden. Die – gesetzliche – Rentenversicherung ist nicht nur für die Arbeits- und Industrie-Soziologie hinsichtlich Inklusionen und Exklusionen aufschlussreich, sondern stellt auch als wichtige Institution unseres durch Beiträge der Arbeitgeber und Arbeitnehmer finanzierten Systems der Sozialpolitik ein hochspannendes Thema dar. Gert Wagner schloss sich den SoziologInnen der Statuspassagen und der Institutionalisierung des Lebenslaufs an, die die Definition von Altersgrenzen als soziopolitische Konstruktionen untersuchten (zum Beispiel Martin Kohli und der SFB 186 »Statuspassagen und Risikolagen im Lebensverlauf«). Diese Sicht bewährte sich, als die Arbeitslosigkeit vor und insbesondere nach 1989 nicht industriepolitisch, sondern über die Rentenversicherung durch Frühberentungen und die Einführung ›flexibler Altersgrenzen‹ angegangen wurde. Nicht wenige Bürgerinnen und Bürger in den alten und vor allem den neuen Bundesländern, die ihren Arbeitsplatz verloren hatten, sahen darin eine Art Abschiebung über die flexible Altersgrenze. Diese Abschiebung über die flexible Altersgrenze ließ viele Menschen vorzeitig ganz alt aussehen und altersgerechte Laufbahnen kaum entstehen, die durch vorbereiteten Tätigkeitswechsel eine weit längere Erwerbstätigkeit ermöglichen können.

Die Theorien von Marktversagen (mangelnde Integration externer Effekte) und Versagen des Staates, der in der Theorie Marktversagen kompensieren soll, waren Gert Wagners Themen, seit er seine erste Professur in Bochum in *Sozialökonomie* antrat. Sozialökonomie ist ein in Deutschland selten zu findendes Fach. Es begreift, wie manche Sozialöknom:innen pointiert sagen, Ökonomie als eine Art Bindestrich-Soziologie in Gefolge von Max Weber, Vilfredo Pareto und anderen Soziologen. Gert Wagners methodisches Werkzeug in der Sozialökonomie war zunächst die Spieltheorie. Er untersuchte Anreizstrukturen. Er sah als Staatsversagen, wenn der Staat entgegen seinen Programmen Marktversagen, das soziale Ungleichheit erzeugte, nicht kompensierte, sondern eher verlängerte und sogar verstärkte. Einen Grund für dieses Staatsversagen sah er in mangelnden geeigneten Daten für politische Entscheidungen. Mit dem SOEP und anderen Erhebungen hoffte er, Daten bereitstellen zu können, die politische Entscheidungen gegen soziale Ungleichheit treffsicherer machen könnten. Noch in seinen allerletzten Jahren kritisierte er an den Ausgleichszahlungen für gestiegene Heizkosten, dass sie mangels differenzierter Verbrauchsdaten nicht die Bedürftigsten hinreichend berücksichtigt hätten.

Gert Wagners Untersuchungen von Anreizstrukturen führten ihn zu innovativen Empfehlungen auf einer Vielzahl von Feldern. So analysierte er, dass die Bekämpfung von Doping im Sport durch Verbot von Substanzen einen starken Anreiz setze, immer neue, noch nicht verbotene Substanzen einzuführen. Dieser Anreiz verschwände, wenn Sportlerinnen schlucken und spritzen dürften, was sie wollten – sie müssten nur alle genommenen Substanzen sofort offenlegen und würden vom Wettkampf ausgeschlossen, legten sie sie nicht vollständig offen. Doping lohne sich dann nicht mehr – ein Vorteil auch für die Gesundheit der Sportlerinnen und Sportler.

Die spieltheoretischen Ansätze erweiterte der Sozialökonom Gert Wagner in späteren Jahren um psychologische und sozialpsychologische. Als er auf der Ökonomen-Ranking-Liste der FAZ weit oben stand, überraschte und erboste er Ökonomie Studierende, die in den drei best-ranked Ökonomie-Fakultäten der Erde für ein MA-Studium angenommen waren: Sie fragten ihn, an welche der drei Fakultäten sie denn nun gehen sollten. Gert Wagners empörende Antwort war: Sie sollten überhaupt nicht Ökonomie studieren, das Fach habe seine Zukunft bereits hinter sich. Wenn sie sich für

Wirtschaft interessierten, sei es besser, Soziologie und vor allem Psychologie zu studieren.

Gert Wagner wurde mit dem Renten-Thema – oft in der Nachfolge von Hans Jürgen Krupp – Vorsitzender oder Mitglied fast aller einschlägigen Beratungsgremien. Dazu gehörten die Kammer für soziale Ordnung der evangelischen Kirche, der Wissenschaftsrat, die ›Rürup-Kommission‹ und der Rat für Sozial- und Wirtschaftsdaten, in dem er zunächst im Gründungsausschuss und anschließend in mehreren Berufungsperioden als Mitglied und Vorsitzender tätig war. Er war von 2014 bis 2020 Vorsitzender des Sozialbeirates der Bundesregierung, zwischen 2011 und 2013 in der Enquête-Kommission »Wachstum, Wohlstand und Lebensqualität« des Deutschen Bundestages, anschließend Mitglied des wissenschaftlichen Beirats des Regierungsprojekts »Gut leben in Deutschland – was uns wichtig ist« und Gründungsmitglied des Sachverständigenrats für Verbraucherfragen. 2018 erhielt er das Bundesverdienstkreuz 1. Klasse für sein herausragendes wissenschaftliches und ehrenamtliches Engagement. Im gleichen Jahr verlieh ihm die Wirtschafts- und Sozialwissenschaftliche Fakultät der Universität zu Köln den Grad eines »Doktors der Wirtschafts- und Sozialwissenschaften ehrenhalber« und würdigte dabei Wagners Leistungen in den empirisch basierten Wirtschaft- und Sozialwissenschaften wie auch als »Förderer und Vermittler des Dialogs zwischen Wissenschaft und Praxis«. Mit seinem wissenschaftlichen Weitblick habe er nicht nur viele Brücken zwischen Fachdisziplinen gebaut, sondern ihm sei auch stets das Verhältnis von Wissenschaft, Politikberatung und Wissenstransfer ein Anliegen gewesen.

Über die Funktion wissenschaftlicher Beratungsgremien äußerte er sich nach seinen Erfahrungen mit der Rürup-Kommission gleichwohl kritisch. Der taz-Chefredakteurin Ulrike Winkelmann gegenüber deutete er seine Meinung an, solche Gremien dienten vor allem dazu, der Politik die Legitimationsarbeit abzunehmen – und am Ende werde gemacht, was das Kanzleramt ohnehin geplant habe. Selbst publiziert hätte Gert Wagner eine solche Analyse der Rolle von Politikberatung nie, es handelte sich um eine übliche sogenannte Hintergrundinformation. Stattdessen nutzte er seine Position in Gremien um zu kritisieren, dass politisch viel zu wenig für eine gute Forschungsdateninfrastruktur getan werde, um politische und ökonomische Entscheidungen besser auf Evidence zu gründen.

Lohnender oder zumindest vergnüglicher als die Gremienarbeit fand es Gert Wagner, der sein Studium als Reporter für die Frankfurter Neue Presse, lokale Anzeigenblätter und in der Organisation der Fußball-Weltmeisterschaft

1974 finanziert hatte, für Zeitungen zu schreiben: vom Neuen Deutschland über die taz, deren Genosse er war, bis zur FAZ, SZ und NZZ. Er nutzte seinen Ruf als pointenreicher Schreiber, um bei seinen journalistischen Kolleg:innen für die präzise und kritische Auswertung von Statistiken zu werben. Denn genau wie bei seinen sozialwissenschaftlichen Kolleg:innen war Gert Wagner auch bei Journalistinnen und Journalisten allergisch gegen die Verallgemeinerung individueller Erfahrungen und Befindlichkeiten und deren Übertragung auf gesellschaftliche Verhältnisse. So verwundert es auch nicht, dass einer seiner letzten Aufsätze unter dem Titel »Wie blicken Journalistinnen und Journalisten auf die Welt?« in der *Zeitschrift für Journalismusforschung* veröffentlicht wurde.

Als Professor für Sozialökonomie – und später Wirtschaftswissenschaften in Bochum, Frankfurt an der Oder und der TU Berlin hatten jene bei ihm einen Stein im Brett, die bei allen mathematischen Modellen und wilden Spekulationen, denen er sich selbst gern hingab, kritisch und raffiniert mit Daten umgingen und ihre eigenen theoretischen Erwartungen einem gelingenden oder gerne auch scheiternden Falsifikationsversuch unterzogen.

Ungeheure Energie und Druck investierte er in seine Aufgaben als Beschaffer von Forschungsgeldern, Netzwerker, Wissenschaftsmanager und Institutionenbauer. Das SOEP war 1983 als Datengrundlage eines bereits in der zweiten Förderphase laufenden Frankfurt-Mannheimer DFG-Sonderforschungsbereichs mit dem hoffnungsvollen Titel »Mikroanalytische Grundlagen der Gesellschaftspolitik« ursprünglich nur für fünf Jahre beantragt worden. Der Titel zeugt von dem öffentlichen Vertrauen jener Jahre sowohl in Sozialwissenschaft als auch in Gesellschaftspolitik – ein Vertrauen, das übrigens einige Antragsteller nicht teilten, wie sie im Antrag selbst in – womöglich übersehenen – ironischen Bemerkungen zum Ausdruck brachten. Gert Wagner hat viele Jahre seines Lebens mit der dauerhaften Institutionalisierung dieses nach der Ausweitung auch nach Ostdeutschland noch zu lange über den Projekthaushalt des BMBF finanzierten Infrastrukturprojekts verbracht. Die Budgets, die er für das SOEP an Land zog, waren für die damalige Zeit in der Soziologie eigentlich nie zu erwarten. Geradezu biblisch lang sind auch die Jahrzehnte, in denen er unverdrossen netzwerkend in allen Gremien dicke Bretter bohrte und etliche Evaluationen durch den Wissenschaftsrat meisterte, bis das SOEP in einen vom BMBF und den Ländern finanzierten Grundhaushalt überführt wurde und seitdem regelmäßig im Rahmen der Leibniz-Gemeinschaft als unabhängige Abteilung im DIW Berlin evaluiert wird. Oft fragten ihn seine soziologischen Kolleg:innen, ob er bei jedem Thema an nichts anderes denken könne als an die finanzielle und institutionelle Absicherung des SOEP. Denken schon, sagte er.

Als erfolgreicher Krisenmanager übernahm Wagner von 2011 bis 2013 den Vorstandsvorsitz des DIW Berlin, das aus einer schweren finanziellen und Reputationskrise einen Ausweg suchte und unter Wagners Regie durch eine für DIW wie SOEP sehr erfolgreiche Evaluation geleitet wurde. Bis zu seiner Pensionierung im Jahr 2017 übte Gert Wagner weiter eine wissenschaftliche Vorstandsposition im DIW aus und verlegte den Schwerpunkt seiner Forschungstätigkeiten anschließend schrittweise an das Max-Planck-Institut für Bildungsforschung, dessen Senior Research Fellow er bereits seit 2008 war. Am MPI hatte seine akademische Karriere in Berlin ihren Anfang genommen. Denn bereits 1988 hatte dessen Direktor und frühere Sfb 3-Kollege, der Soziologe Karl Ulrich Mayer, Gert Wagner einen mehrmonatigen Gaststatus gewährt; dort hatte er seine Kollegin, eine Soziologin, kennengelernt und mit ihr eine Familie mit zwei Kindern gegründet. Am MPI widmete er sich jenen soziologischen und psychologischen Themen, die ihn schon auf dem DGS-Kongress in Jena fasziniert hatten, nämlich Fragen nach den genetischen und kulturellen Anteilen an Risikoneigungen. Als Karen Horn ihn in dem oben erwähnten Gespräch fragte: »Ist das noch Ökonomie, was Sie da machen?« antwortete Gert Wagner: »Nein. Natürlich nicht. Aber das ist mir egal. Ich bin dankbar, dass ich in meinem Alter noch einmal auf einem so unglaublich spannenden neuen Feld ein wenig mitarbeiten kann. Und das, was wir da herausfinden werden, ist für die Wirtschafts- und Sozialpolitik, wie gesagt, auch durchaus relevant.«

Mit gerade 71 Jahren starb Gert Wagner. Er wird uns – nicht nur – als Sparringspartner sehr fehlen. Seiner Familie, an der er sehr hing, gehört unser Mitgefühl.

Johann Behrens und Jürgen Schupp

In memoriam Helmut Willke
(30. Mai 1945 – 15. Januar 2024)

Seinen unerschütterlichen Optimismus hatte Helmut Willke bereits in seiner Dissertation über eine Theorie der Grundrechte gefunden, in der Sache ebenso wie in der Begrifflichkeit. Demokratisierung, so schreibt er 1975 in »Stand und Kritik der neueren Grundrechtstheorie«, darf keine Frage der Politik bleiben, sondern muss gesellschaftliche Bereiche erfassen, die mindestens genauso wichtig sind wie die Politik, vor allem die Wirtschaft und die Wissenschaft. »Die Gesellschaft muss, sollen die verfassungsrechtlichen Grundwerte von der Proklamation zur Geltung erstarken, ebenso machtbegrenzend organisiert sein wie der Staat.« (S. 270 f.) Sein wissenschaftliches Leben widmete Willke der Frage, wie die Gesellschaft so in ihre eigenen Belange und Probleme intervenieren kann, dass Lernprozesse möglich werden, mit deren Hilfe bessere Zustände erreicht werden können. Man beachte den Umweg. Nicht die Wissenschaft definiert bessere Zustände, sondern in den gesellschaftlichen Bereichen werden diese selbständig gefunden, so dass sich mit den Zuständen auch die Systeme verbessern, weil sie Mittel und Wege gefunden haben, sich zu thematisieren, zu reflektieren und zu vernetzen.

Die einzige Theorie, die ihm für diesen Zweck geeignet erschien, war die soziologische Systemtheorie in der Fassung Niklas Luhmanns. Ausgerechnet in der Theorie, die gegenüber jeder Steuerung von Gesellschaft skeptisch ist, realisierte Willke über Jahre seine eigene Version einer Steuerungstheorie. Das war im Übrigen ganz nach Luhmanns Geschmack. Er konnte Willke dabei beobachten, wie es ihm mit seinen, Luhmanns, Begriffen gelang, andere Theorieziele zu verfolgen. Dadurch wurde auch die Systemtheorie zu einem lernenden System, dokumentiert in drei Bänden zur Einführung in die Systemtheorie und abgeschlossen in seiner 2005 bei Velbrück veröffentlichten »Theorie symbolischer Systeme«, die von »Systemen« nur noch als Kopplungen von Bewusstsein, Sprache und Kommunikation spricht. Jeder Gedanke, jeder Satz, jede Kommunikation sind seither der Situation ausgesetzt, der »wilden ›Zirkulation der Symbole‹«[1] nur mit einer Form der Steuerung begegnen zu können, die Willke zusammen mit Gunther Teubner 1984

---

1 Von einer »Zirkulation der Symbole« sprach Ferdinand de Saussure, »wild« ergänzt Willke und kommt damit dem Einwand der Poststrukturalisten entgegen, dass die Wiederholung (Iteration) den Wechsel nicht aus-, sondern einschließe. Siehe etwa Jacques Derrida in dem 2004 bei Reclam erschienenen Band »Die différance«.

in »Kontext und Autonomie: Gesellschaftliche Selbststeuerung durch reflexives Recht« in der *Zeitschrift für Rechtssoziologie* auf den Namen »Kontextsteuerung« getauft hat: Gedanke, Satz und Kommunikation setzen sich gegenseitig nicht nur Schranken, sondern auch Attraktoren und müssen austesten, welcher dieser Kontexte »wirkt«. So oder so können sich zwischen diesen drei Kontingenzfaktoren, jeder hoch komplex, zueinander orthogonal, untereinander nichtlinear verknüpft, nur Symbole einspielen, die, je erfolgreicher sie sind, nur schwer wieder auszuräumen sind.

Die konstruktivistische Erkenntnistheorie, die der Systemtheorie zugrunde liegt, teilte er, doch konsequenterweise weder in ihrer operativen noch in einer »radikalen«, sondern in einer experimentellen, diskursiven Version. Sehr typisch dafür ist »Konstruktivismus und Sachhaltigkeit: Wirklichkeit als imaginäre Institution« in *Sociologia Internationalis* (1993). Jeder Tragik abhold, plädierte er für Ironie:

»Die Einsicht, dass die selbst-referentiellen Semantiken komplexer Systeme nicht vereinbar sind, und dennoch unerschrocken für wechselseitige Abstimmung einzustehen, unterscheidet den ironischen vom tragischen Beobachter. Für den Tragiker verfangen sich die Systeme in ihren selbst gestellten Fallen und jeder Versuch rettender Rationalität bestärkt nur diesen unabänderlichen Entwicklungspfad. Für den Ironiker dagegen eröffnet die unabänderliche Distanz zwischen den Systemen den Spielraum für die Möglichkeit einer Akkordierung von Kontingenzen, wenn erst einmal klar ist, dass dies nicht aus der Position einer höheren oder überlegenen Rationalität (welchen Beobachters oder Akteurs auch immer) bewirkt werden kann, sondern allein aus der Spiegelung (Spekulation, Reflexion) der äußeren Distanz in einer inneren Distanz der Systeme zu sich selbst, die ihnen die eigene ironische Position eines Spielens mit ihren Kontingenzen erlaubt.« (S. 98)

Bereits die Habilitation war der »Entzauberung des Staates« (1983) gewidmet, denn solange dem Staat alle Fantasien der Steuerung gelten, kann die Gesellschaft in ihren Teilbereichen nicht erreichen, was dem Staat schon lange nicht mehr gelingt. Zu dem Zeitpunkt war Willke bereits aus den Rechtswissenschaften in die Soziologie gewechselt und erhielt nach seiner Arbeit am Institut für Soziologie der Universität Köln 1982 am Lehrstuhl von Friedhelm Neidhardt einen Ruf an die Universität Bielefeld auf eine Professur für Planungs- und Entscheidungstheorie, die 2002 zu einer Professur für Staatstheorie und Global Governance erweitert wurde. Emeritiert lehrte und forschte er von 2008 bis 2017 an der Zeppelin Universität in Friedrichshafen, die er schließlich als Vizepräsident für Forschung verließ. 1994 erhielt er den Gottfried Wilhelm Leibniz-Preis der Deutschen Forschungsgemeinschaft, den er für umfangreiche Forschungen zu innovativen Formaten der Global

Governance nutzte. Selten erschloss eine anspruchsvolle Denkfigur, unterstützt von der normativen Absicht, so viel empirisches Material über die Struktur und Dynamik von Funktionssystemen, die Leistungsfähigkeit von Organisation und den menschlichen Umgang mit ihnen wie in den Arbeiten Willkes. Dokumentiert sind die Ergebnisse dieser Forschung in den drei Bänden zur Theorie der Gesellschaft und ihrer Teilsysteme »Atopia« (2001), »Dystopia« (2002) und »Heterotopia« (2003) sowie mehreren Büchern, davon eines mit seinem Zwillingsbruder Gerhard Willke über Formen der Governance im Kapitalismus.[2]

Trotz oder auch wegen seiner vielen Praxiskontakte hat Willke nie den Glauben an die Möglichkeit eines Expertenwissens verloren. So konnte er den Schweizern am anderen Ufer des Bodensees raten, nach dem Modell einer unabhängigen Zentralbank auch in anderen Funktionssystemen mehr auf parteipolitisch unabhängige Experten als auf die Bürgerdemokratie zu setzen.[3] Sein eigentliches Vertrauen jedoch galt der Freiheit, als Freiheit nicht *von*, sondern *zur* Gesellschaft. Denn nur in der Gesellschaft sei Freiheit möglich, schrieb er 2019 in seinem Buch »Komplexe Freiheit« unter Berufung auf Isaiah Berlin.

Für seine Studierenden und Kolleg:innen war Willke eine ständige Herausforderung, weil man seiner Ansicht nach entweder genau weiß, was es zu wissen gibt – oder schweigt und lernt. Mit Nichtregierungsorganisationen, allen voran mit der Deutschen Gesellschaft für internationale Zusammenarbeit (GIZ), und Unternehmen arbeitete er an Formen des Wissensmanagements, die den jeweiligen Sachbereich genauso betreffen wie die eigene Organisation. In den Nationalstaat setzte er keine Hoffnung mehr. Sein jüngstes Buch zur »Klimakrise und Gesellschaftstheorie« ist im vergangenen Jahr erschienen und sieht Chancen zur Bewältigung der Klimakatastrophe nur noch, aber immerhin, in einem Netzwerk von international agierenden Nichtregierungsorganisationen, internationalen Organisationen und Regierungen, die ihre eigenen Grenzen verstehen. Präzise beobachtete er, wie sich Wirtschaft und Wissenschaft, Politik und Recht viel zu langsam dem Verständnis der Notwendigkeit von Vernetzung – er sprach von einer Form der Governance in lateralen Weltsystemen – näherten.

---

2 Helmut Willke und Gerhard Willke, »Political Governance of Capitalism: A Reassessment beyond the Global Crisis« (2012), außerdem »Global Governance« (2006) und »Smart Governance« (2007).

3 Siehe sein Interview »Die Schweizer Demokratie ist überfordert« im Tages-Anzeiger am 21. November 2014 aus Anlass der Publikation seines Buches »Demokratie in Zeiten der Konfusion«. Veith Selk hat den Band auf *soziopolis* am 3. Dezember 2015 rezensiert.

Helmut Willke genoss die Autofahrten von Köln-Pulheim, wo er mit der Familie, seiner Frau und zwei Kindern, lebte, nach Bielefeld, Friedrichshafen oder zu seinen Klienten, weil er im Auto ungestört Opern hören konnte. Er besaß eine umfangreiche Sammlung von CDs, darunter verschiedene Fassungen der Opern seines Favoriten Verdi. Er betrieb intensiven Sport, insbesondere Ausdauersport, von Taekwondo über das Skifahren bis zum Joggen, einschließlich einer mehrfachen Teilnahme an verschiedenen Laufmarathons und am Silser Skimarathon im Engadin.

Eigentlich, das ist die Ironie, die ihn selbst eingeholt hat, wollte er immer nur aufhören zu schreiben. Er erfand das Format des Mikroartikels, eines Hybrids aus Karteikarte und Aufsatz, in dem Wissen zugleich gelehrt, gelernt und organisational gespeichert werden kann. Solange das in den Behörden, Unternehmen, Kirchen, Krankenhäusern, Universitäten, NGOs und Armeen dieser Welt noch nicht angekommen war, schrieb er halt weiter. – Inzwischen kann man sich mithilfe von Small Language Models auf KI-Basis der Realisierung von Helmut Willkes Idee weiter nähern. Es käme darauf an, den jeweils einschlägigen Bestand an Daten (Text, Zahlen, Formeln, Grafiken) auf die jeweilige System/Umwelt-Differenz (als Metaparameter) herunterzubrechen und mit reflexiven Prompts zu durchsuchen. Die dafür erforderlichen formalen und sachbezogenen Templates zum Wissensmanagement in Organisationen und Funktionssystemen findet man in Willkes Schriften.

Am 15. Januar ist Helmut Willke im Alter von 78 Jahren in Köln überraschend gestorben.

Dirk Baecker

Call for Papers

Democracy and Society Challenges – Risks and Opportunities for Contemporary Democracies

International Conference on Political Sociology, 10 to 12 October in Bologna

Democracy is an area of study that has belonged to political sociology since its classical authors and raises research questions that are still largely unexplored, both in terms of theoretical elaboration and empirical research. Democracy, its transformations, its crises, its values, its institutions, are the privileged terrain for a socio-political analysis capable of understanding the social and political relations that make up its fabric, especially by studying the visible and invisible dynamics of the conflicts of power and for power that redefine its forms. In its vocation as a science of connections, political sociology repeatedly emphasises that, in studying the relationship between society and politics, one cannot identify politics as an autonomous variable of interpretation, nor, at the same time, diminish the role of politics by focusing on social dynamics alone. Political sociology is not resolved in the mere identification of the social factors that condition the political order, since institutions are themselves social structures, and it is often these that are the independent variables that influence the non-political social structure. Social change and political change thus become the key concepts with which to read the processes of transformation of democracy, in the specificity of a perspective that is not content with describing the forms that have emerged from its crisis, understood as the overcoming of the processes of political representation experienced in liberal democracies. Democracy is a field in constant flux, whose aporias make its study a privileged field for the fundamental questions of social research: how can the individual, society and collective political action be reconciled? How have the structures of inequality changed? What is the relationship between politics and the economy, politics and culture, politics, and new forms of religion? What are the forms of social and political relations in advanced modernisation processes? What role does the relationship between society and development, between environment and progress, play in political phenomena? Finally, is democracy still the political project of modernity?

In the process of reconfiguration of global society, whose trajectory coincides with the thirty-year period after 1989, through 9/11, the 2008 crisis, the shock of the Sars-Covid-19 pandemic, the war in Ukraine and the Israeli-Palestinian conflict, we are faced with a scenario in which the capacity of politics, national, supranational, and international, is not only weakened in its primacy over the other spheres of society, but also de-synchronised with respect to the ›facts of society‹. The time of democratic politics is slower than the time of social change, just as the space of politics dimensioned at the level of the nation-state is desynchronised with respect to the space of social phenomena. Moreover, we are faced with challenges that place democracy itself in the mirror of its own founding values, not only in the area of choices that affect individual freedom, but also in how it positions itself in the system of international political regulation.

In the public and academic debate, the scenario of the crisis of democracy is recurring more and more often. Post-democracy, defective democracy, post- representative democracy, populist democracy, illiberal democracy: these are the many and varied definitions used to identify the overcoming of the ›traditional‹ paradigm of representative democracy. Similarly, the widespread attempts to conceptualise phenomena that challenge democracies by highlighting a ›regressive‹ profile, as well as the existence of social phenomena that define a ›cultural backlash‹, ›retrogression‹ or ›retrotopia‹, need to be considered in the light of a new political sociology of democracy.

The crisis of legitimacy of traditional political subjects occurs when the balance that holds together the sense of pursuing a common project, the strengthening of the power of the political class, the attainment of ideal or socio-economic interests by citizens/voters, depending on the structure of community action whose influence they seek, breaks down. The perception of a loss of status, the feeling of relative deprivation, the fear of the loss of social guarantees and protection, the perception of a reduction in opportunities for upward social mobility, insecurity as a sense of socio-economic precariousness, the questioning of one's own life model, create the conditions for a crisis of legitimacy for the institutional actors of democratic representation. However, it is not only a question of identifying anti- establishment and populist challenges to liberal democracy, but also of shedding light on all the pervasive forms of manipulation of power. On the one hand, the processes of depoliticisation that fuel the crisis of legitimacy of democracy need to be analysed in the context of the impact of neoliberalism on advanced democracies, from the TINA (There is No Alternative) paradigm of political regulation in the 1980s to analyses of authoritarian managerialism and forms of technocratic populism (which reverses representation and legitimacy, not just replacing politicians with technicians). On the other hand, political sociology needs to re-thematise the forms of democratic innovation, from the contribution of the reflexive citizen, the paradigms of sub-politics and life-politics, the perspective of participatory and deliberative democracy, to the new forms of mobilisation emerging from the environmental and feminist movements. What opportunities, what risks, what processes of redefining not only the forms of democratic political conflict, but also the regeneration of the democratic project itself, emerge from these processes? What processes of repoliticisation of democracies are possible in societies of advanced modernity?

Finally, political sociology cannot fail to consider that democracies are also actors that operate as states within the complex web of the international political scenario. As such, democracies themselves participate in the dynamics of the exercise and manipulation of power, just as they become the object of analysis in the behaviour they adopt in relation to the political, economic and military conflicts in which they participate.

The conference will therefore focus on areas closely related to the nature, forms, challenges, and developments of democracy. The following thematic areas form the basis for the submission of paper proposals:

1. Democracy and social change: the impact of globalisation, economic crises, financial crises, changing social bases of democracy in terms of social stratification and new and old inequalities, social innovation processes.
2. Democracy and socio-cultural change: the processes of individualisation and singularisation, the new ruptures that politicise values, expectations, identities and redefine the belief system on which processes of recognition and political conflict are articulated.
3. Democracy and institutional change: the institutional challenges posed by the redefinition of the powers of the nation-state, the process of European integration, as well as the challenges faced by institutions in the processes of public policy regulation, the phenomenon of lawfare, the nature of the relationship between bureaucracy and politics.

4. Democracy and geopolitical change: the impact on democracies of the redefinition of international politics, the relationship between war and politics, the dynamics of conflict management and the whole structure of international relations from a socio-political perspective.
5. Democracy and changing political representation: changing political actors and forms of political conflict in democracies, the transformation of parties, the relevance of leaders, the problems of political representation.
6. Democratic innovation: forms of democratic innovation, digital democracy, the role of platform democracy, participatory democracy, deliberative democracy.
7. Democracy and new social conflicts: the new challenges of political ecology, the intersectional perspective promoted by feminist movements, the contribution of student movements, labour movements, peace movements.
8. Democracy and socio-political theory: prospects for the development of a new socio-political theory of democracy, new forms of critical political sociology, the public role of political sociology, the intersection between political sociology and cultural processes, social theory and democratic theory.

In this sense, it is a matter of recognising and reknitting the thread of the relationship between society and politics with the critical perspective of political sociology, which encompasses and goes beyond the boundaries of the search for the quality of the form of government and is not limited to the classificatory dimension of the political regime. It is not limited to the classificatory dimension of the political regime, to its constitutional rules of operation, nor to the elaboration of an ideology of democracy, but is interested in the process by which it is simultaneously realised, transformed, maintained and regenerated, as well as in the processes of its possible manipulation.

The abstract must include the title of the paper, the name of the authors (and the name of the corresponding author), the university, a text of max. 3,000 characters including spaces (approx. 450 words) and an indication of the thematic area in which the proposal will be presented. Abstracts of proposals must be received by **30 May 2024**. Acceptance or rejection of abstracts will be confirmed by 15 June. Submission of the paper, also in draft form, is required by 15 September.

E-mail address for sending the abstract: sociologiapolitica@ais-sociologia.it

Tagungen

Staat – Gesellschaft – Polykrise:
Aktuelle Herausforderungen der Gesellschaftstheorie

Gemeinsame Frühjahrstagung der Sektionen Soziologische Theorie und Europasoziologie am 16. und 17. Mai 2024 an der Universität Potsdam

Die journalistische Rede von nationalen »Gesellschaften«, die sich zu wichtigen Schritten »entschließen«, in Krisen »zusammenhalten« oder aber durch sich polarisierende Kommunikation in sozialen Netzwerken »gespalten« werden, trifft in der Soziologie und zumal der soziologischen Theorie typischerweise auf wenig Zuneigung. Gerade die neuere soziologische (Gesellschafts-)Theorie tendiert dazu, die vielfach als selbstverständlich unterstellte Subjektstellung von nationalstaatlich gerahmten Gesellschaften bzw. »Nationalstaaten« als bestimmende Akteure des Weltgeschehens zugunsten alternativer Sichtweisen aufzulösen. Dies steht in auffälligem Kontrast zu der großen Bedeutung, die Staaten als Adressaten der Lösung kontemporärer Großkrisen von verschiedenen Seiten zugeschrieben wird.

Auf der Ebene politischer Selbstbeschreibungen findet man nicht nur eine Adressierung von Staaten als handlungsmächtige Akteure der Krisenbewältigung, sondern auch eine relativ erfolgreiche Autosuggestion nationaler »Identität« und entsprechende politische Mobilisierung. Gerade auch vor dem Hintergrund multipler Krisenerscheinungen gewinnt dabei möglicherweise nicht nur der Nationalstaat, sondern auch ein nationalstaatlich gebundenes Verständnis von Gesellschaft wieder an Plausibilität. Im Zuge der als Polykrise beschriebenen Herausforderungen der Gegenwart werden Staaten als Träger von Verantwortung und Agency adressiert und »Belastbarkeitsgrenzen« von Gesellschaften behauptet, die wie selbstverständlich mit »Ländern« oder »Nationen« gleichgesetzt werden. Diese Dynamiken der jüngsten Vergangenheit führen vor Augen, dass »Nationalgesellschaften« weiterhin als praktisch relevante Bezugseinheiten fungieren und Vorstellungen einer nationalstaatlich strukturierten Welt eine erhebliche diskursive Bedeutung zukommt. Auch im Kontext der empirischen Sozialforschung scheinen Überlegungen zur Dezentrierung der Nation und des Nationalstaats wenig Anklang gefunden zu haben, sodass »Länder« als natürliche Untersuchungseinheiten gerade in komparativen Fragestellungen gelten. Es könnte sich deshalb lohnen zu fragen, inwiefern die Gesellschaftstheorie bereits über ausreichende Instrumente verfügt, um sowohl die Tendenz zu nationalen oder gar nationalistischen Selbstbeschreibungen als auch diejenigen Phänomene, auf die diese Beschreibungen reagieren, adäquat zu fassen.

Ob der Begriff der »Gesellschaft« soziologisch überhaupt unverzichtbar oder auch nur hilfreich ist, ist freilich bereits eine offene Frage. Die Gesellschaftstheorie hat an diesem Punkt Konkurrenz aus eigenem Hause durch Vorschläge, Sozialität nicht von einem »starken« Gesellschaftsbegriff her, sondern in Begriffen von Assemblagen, Kollektiven oder Netzwerken zu denken, »Gesellschaft« in Prozessen der »Vergesellschaftung« aufzulösen oder für »flache Ontologien« zu optieren. Auch im Kontext differenzierungstheoretischer Debatten steht seit einiger Zeit die handlungstheoretisch motivierte Forderung im Raum, den Gesellschaftsbegriff aufzugeben. Nicht zuletzt für diese Frage nach der adäquaten Konzeptualisierung von Vergesellschaftungsprozessen mag die empirische Problemstellung krisenindizierter gesellschaftlicher Reaktionen ein interessanter Gegenstand theorievergleichender Betrachtungen sein. Dabei könnte es sich lohnen, an die Debatten zu erinnern, die zu einer weitgehenden Dezentrierung des Nationalstaats in der soziologischen Gesellschaftstheorie geführt haben.

Gesellschaftstheorie und Staatlichkeit

So wird auch die Relevanz von Staatlichkeit und staatlichen Ordnungen für die Strukturierung sozialer Verhältnisse aus unterschiedlichen Perspektiven in Frage gestellt. Mit Bezug auf »Transnationalisierung« wird der Bedeutungszuwachs von Migration und transnationalen Ordnungen hervorgehoben. Die Systemtheorie stellt auf die Struktur einer »Weltgesellschaft« um, in der Staaten und nationalstaatliche Grenzen nurmehr als Binnendifferenzierung des politischen Systems plausibel scheinen, die wiederum aus Sicht der Weltkulturtheorie als isomorphe Institutionen beschrieben werden. In der Gouvernementalitätsforschung büßen Staaten durch den Verweis auf ubiquitäre Formen des Regierens ihren Sonderstatus ein, während sie von Seiten der Netzwerkforschung durch den Aufweis der unzähligen Translationen, der es zur Konstitution des »großen Leviathan« bedürfe, dekonstruiert werden. Durch die Beiträge der Postcolonial Studies wird der Exzeptionalismus europäischer Staats- und Gesellschaftsbegriffe zur Disposition gestellt und eine »Provinzialisierung« Europas eingefordert, wodurch sich Schnittmengen auch mit dem Feld der »global history« ergeben. Diese ganz unterschiedlichen Strömungen stellen zugleich Kritiken der Globalisierungsdebatte, der Weltgesellschaftstheorie und World Polity-Forschung, aber auch des Multiple Modernities-Ansatzes dar. Ein an nationale Grenzen und den Nationalstaat gekoppelter und auf einer epistemischen Verbesonderung Europas fußender Gesellschaftsbegriff, wie er vielen (westlichen) Soziolog:innen für lange Zeit selbstverständlich schien, muss aus all diesen heterogenen Beobachtungspositionen als Anachronismus erscheinen. Diese Tendenz zur gesellschaftstheoretischen Dezentrierung von Nationalstaatlichkeit steht in auffälligem Kontrast zu der, wie es scheint zunehmenden, Selbstthematisierung von »Nationalgesellschaften«.

Die kriseninduzierte Rückkehr nationaler Gesellschaftsbegriffe

Ein nationalstaatlich gebundenes Verständnis von Gesellschaft scheint dabei gerade vor dem Hintergrund multipler Krisenerscheinungen wieder an Plausibilität zu gewinnen: Sowohl im Zuge der Finanz-, Banken, und Eurokrise als auch in der Bearbeitung der Corona-Pandemie ließen sich, von zweifellos existenten globalen Beobachtungsverhältnissen abgesehen, in kürzester Zeit spezifische nationale (und zwar nicht lediglich politische) Reaktionsmuster unterscheiden, wobei die epidemiologisch fragwürdige Zurechnung von »Fällen« auf Länder und die differenten Regierungsreaktionen (bis hin zur Wiedereinführung von Grenzkontrollen) eine überraschende Renaissance nationalstaatlicher und »nationalgesellschaftlicher« Einheiten markierte. In dramatischer Weise führt der russische Überfall auf die Ukraine vor Augen, dass die Gefahr konventioneller Kriege zwischen Nationalstaaten auch in Europa nicht länger als gebannt gelten darf, während sich in der diskursiven Auseinandersetzung nationale und supranationale Blöcke formieren, die durchaus an klassische Einteilungen aus der Zeit des Kalten Krieges erinnern. Zeitgleich bricht sich in vielen Ländern ein »neuer« Autoritarismus Bahn, der Kategorien des Nationalen und nationaler »(Volks-)Gemeinschaften« mit neuer politischer Relevanz und kultureller Bedeutung auflädt. Auch der Prozess der Digitalisierung und die sich ankündigende zentrale Bedeutung künstlicher Intelligenz scheinen zwischenstaatliche Differenzen und Konflikte beispielsweise im Bereich der Infrastrukturversorgung, der Beeinflussung öffentlicher Meinung und Wahlen, aber auch der Konkurrenz um billige Arbeitskräfte voranzutreiben. In der Debatte über den Umgang mit der bevorstehenden Klimakatastrophe schließlich kann die Vergegenwärtigung der globalen Natur dieser existenziellen Herausforderung ebenso wenig wie das Ringen um staatenübergreifende Lösungen darüber hinwegtäuschen, dass Länder, Nationen und national gerahmte »Gesellschaften« mit Blick auf die Kosten und Lasten des Klimawandels gegeneinander ausgespielt werden. Diese und viele weitere Fälle der jüngsten Vergangenheit führen uns vor Augen, dass auf erster und zweiter Beobachtungsebene praktisch nach wie vor mit Konzepten nationaler Gesellschaft als Zurechnungseinheit gearbeitet wird, und dies nicht nur im politischen Kontext, in dem am Nationalstaat orientierte Zurechnungen naheliegen, sondern auch beispielsweise in technischen, wirtschaftlichen, medizinischen oder ökologischen Kontexten.

Zur Differenz empirischer und theoretischer Perspektiven

Diese Entwicklung scheint unproblematisch für jene Teile der Soziologie, insbesondere auch der empirischen Sozialforschung, die von den stark theoretisch geprägten Erwägungen zur Dezentrierung des Nationalstaats ohnehin weitgehend unbeeindruckt geblieben sind – trotz aller Kritik an einem »methodologischen Nationalismus« der Disziplin. Mitunter in der Form von impliziten Schattenontologien, häufig aber auch explizit und aus forschungspragmatischem Kalkül, werden in zahlreichen Teilbereichen der Soziologie nationale Untersuchungseinheiten als »natürliche« Gegenstände beobachtet, Indikatoren zum Erfassen von Differenzen und Gemeinsamkeiten auf nationalstaatlicher Ebene entwickelt und Forschungsdesigns im Sinne einer ländervergleichenden Makro-Komparatistik entworfen. Vielfach losgelöst von den oben genannten Problematisierungen werden etwa in der Bildungssoziologie, der Familiensoziologie, der Lebenslauf-, Arbeitsmarkt- oder Wohlfahrtsstaatsforschung »Nationalgesellschaften« untersucht und miteinander in Beziehung gesetzt, wobei typischerweise »Länder«-Effekte im Zentrum stehen. Aber auch die vielfältige kulturvergleichende Forschung und, um ein anderes Beispiel zu nennen, die neuere Diskussion um plurale Sozialontologien und politische Epistemologien operiert womöglich näher an einem vergleichsweise klassischen Begriff von »Gesellschaften« im Plural als intendiert und üblicherweise eingeräumt.

Die Tagung möchte Verbindungen zwischen einer Reihe von jüngeren Diskussionen herstellen und die dabei im Mittelpunkt stehenden Begriffe der Gesellschaft, des Nationalstaates und der nationalstaatlich verfassten Gesellschaft im Lichte aktueller Theoriedebatten einer erneuten Prüfung unterziehen. Für die Sektion Soziologische Theorie wird damit die Diskussion über Relevanz, Reichweite und Zuschnitt des Gesellschaftsbegriffes vor neuem Hintergrund revitalisiert, wie sie zuletzt etwa 2019 im Rahmen der Tagung »Sozialwissenschaften – mit oder ohne ›Gesellschaft‹?« gemeinsam mit der Sektion Kultursoziologie geführt wurde; zugleich stellt sich damit die grundlegende Frage, was »große Gesellschaftstheorie« in der Gegenwart und angesichts zahlreicher Herausforderungen (noch) leisten kann und soll, welche Form sie hierbei annimmt und wie sie ihren Gegenstand begrifflich konstituieren kann. Für die Sektion Europasoziologie eröffnet sich die Möglichkeit, den für sie konstitutiven Gegenstandsbereich analytisch aufzuschließen und im Kontext der aktuellen Debatten über eine notwendige Dekonstruktion und Provinzialisierung (West-)Europas theoretisch sowie methodologisch neu zu fassen. Für beide Sektionen wird zugleich die Frage aufgeworfen, welche Rolle unterschiedlichen Formen der Vergesellschaftung auf verschiedenen Ebenen von Staatlichkeit für die Strukturierung von Sozialität (noch oder erneut) zukommt und in welchem Verhältnis diese zu anderen (lokalen, regionalen oder globalen) Organisationsformen des Sozialen stehen.

Organisatoren:

Christian Schmidt-Wellenburg
E-Mail: cschmidtw@uni-potsdam.de

Daniel Witte
E-Mail: witte@uni-bonn.de

Fabian Anicker
E-Mail: f.anicker@hhu.de

Enacting solidarity and citizenship across social fields and scales

16th European Sociological Association (ESA) Conference, Research Stream 08 from 27 to 30 August 2024 in Porto

In the last two decades, the multiplication of crises has increased the challenges for Europe: While the nation-states dominating the European project have hardly been able to find adequate responses to the turmoil, new forms of practicing solidarity and citizenship have been growing at the local level. In this Research Stream, we therefore address contemporary local, city-based initiatives and their responses to the poly-crises. We start from the assumption that research addressing the local scale and its multi-scalar entanglements can help address the pressing challenges of our time. Focusing on scales entails that we investigate how social relations are forged between actors and authorities in different governance structures which can be in conflict with the state level and become an alternative to the ›nationed geographies‹. Taking the notion of sanctuary cities as an example, we can here see a rescaling of the border toward the urban (or local) scale, involving local authorities and non-state actors in urban space. Furthermore, we want to focus the discussion on the little-addressed challenge of developing intersectional strategies, networks beyond borders and new state/civil society-relations.

We are thereby dealing with the following questions:

- How does political activism and organizing work at city and neighbourhood level?
- How can different social fields be linked?
- How do local initiatives succeed in networking with initiatives from other localities?
- In how far can we observe new or transforming state/civil society-relations?

As part of the Research Stream, we are considering organizing panels with, among others, the following key issues, although other thematic groupings are also possible:

1) »Enacting solidarity and citizenship ›from below‹: transversal and translocal relations« (Chair: Donatella della Porta and Mojca Pajnik).

2) »Urban re-articulations of state and civil society: cases of new municipalism« (Chair: Oscar García Agustín and Martin Bak Jørgensen)
3) »Care as a cross-cutting concept: practices, communities and struggles of care at urban scales« (Chair: Sarah Schilliger and Helge Schwiertz)

You can find all this also on our website: europefrombelow.net/events-2/.

Coordinators of the conference are:

Martin Bak Jørgensen, Aalborg University, Denmark
E-Mail: martinjo@ikl.aau.dk

Sarah Schilliger, University of Bern, Switzerland
E-Mail: sarah.schilliger@unibe.ch

Helge Schwiertz, University of Hamburg
E-Mail: helge.schwiertz@uni-hamburg.de

Fantastic Climates

15. Jahrestagung der Gesellschaft für Fantastikforschung vom 5. bis 7. September 2024 an der Universität Kassel

»Be worried. Be very worried.« So titelte das Time Magazine bereits im Jahr 2006 in einer Sonderausgabe zu den weitreichenden Konsequenzen des Klimawandels: schmelzende Eiskappen und steigende Meeresspiegel, Dürren, Krankheiten, Massensterben und globale Fluchtbewegungen – eine Liste, die sich beliebig fortsetzen ließe. Jedes Jahr erinnern uns nicht nur Wissenschaftler*innen und Umweltaktivist*innen, sondern auch immer neue Extremwetterlagen und Umweltkatastrophen an die potentiell apokalyptischen Konsequenzen unserer unbedarften Einflussnahme auf planetare Ökosysteme. Der anthropogene Klimawandel ist die wohl existentiell bedrohlichste Krise unserer Zeit und prägt den gesellschaftspolitischen Diskurs bereits seit Jahrzehnten. Dennoch scheint das gesellschaftliche Bewusstsein nicht für weitgehende Änderungen derjenigen Lebensgewohnheiten auszureichen, die uns als Gesellschaft bisher unfähig gemacht haben, auf die komplexe Problemlage zu reagieren.

Dieser Teufelskreis aus Überforderung, Apathie und Resignation scheint nicht zuletzt bedingt durch das Unvermögen, die Klimakrise in ihrer Ganzheit als multikausalen und – faktoriellen Prozess zu verstehen, der sich in seiner Komplexität dem menschlichen Erfahrungshorizont entzieht. Als sogenanntes »hyperobject« (Timothy Morton) übersteigt die Umweltkrise zeitlich und räumlich vorstellbare Dimensionen und erfordert auch in der literarischen Verarbeitung alternative Strategien der Darstellung. In diesem Kontext erweisen sich vor allem Bereiche wie Fantastik, Horror und Science- beziehungsweise Speculative Fiction als geradezu prädestiniert dafür, die (noch) nicht greifbaren Konsequenzen unseres Handelns zu thematisieren, zukünftige oder alternative Welten zu imaginieren und mithilfe fantastischer Platzhalter das Unvorstellbare vorstellbar zu machen.

Die Tagung plant Beiträge zu allen Formen und Genres der Fantastik und deren Auseinandersetzung mit dem Klimawandel im engeren wie im weiteren Sinne ein – egal ob sie sich mit Literatur, Comics, Film, Fernsehen, Musik, Video - und Brettspielen oder (Live-)Rollenspielen beschäftigen, und gibt im Open Track auch Raum für jedwede Beiträge zu fantastischen Themen abseits des Konferenzthemas. Insbesondere soll es um Beiträge aus den folgenden Bereichen gehen:

- Ecocriticism
- Cli-Fi
- Umweltzerstörung/ Ressourcenknappheit/ Energiekrise in Fantasy/ SF/ Horror
- Fantasy/ SF/ Horror als Form des Aktivismus
- Klimawandel in Utopien, Dystopien und (Post-)Apokalypsen
- (Eco)Gothic/ (Eco)Horror
- Plant und Animal Studies, Non-/ More-than-human nature, Biodiversität
- Klimakrise/ -aktivismus in der Kinder- und Jugendliteratur
- Anthropozän
- Trans- und Posthumanismus
- Gender/ Race/ Class/ Sexualität/ Disability und Ökologie
- Kolonialismus und Extraktivismus
- Ludologie und Game Studies

Weitere Informationen zur Tagung finden Sie unter https://www.uni-kassel.de/tagung-konferenz/gff2024/fantastic-climates. Mitglieder des Tagungsteams sind

Melina Heinrichs, Ann-Christine Herbold, Maria Hornisch, Dr. Murat Sezi
E-Mail: gff2024@uni-kassel.de

Autorinnen und Autoren dieses Heftes

Prof. Dr. Johann Behrens, Medizinische Fakultät der Universität Halle, Institut für Gesundheits- und Pflegewissenschaften, Ernst-Grube-Straße 40, D-06120 Halle, E-Mail: johann.behrens@medizin.uni-halle.de

Dr. habil. Mathias Berek, Technische Universität Berlin, Zentrum für Antisemitismusforschung, Kaiserin-Augusta-Allee 104, D-10553 Berlin, E-Mail: berek@tu-berlin.de

Marc Bubeck, Universität Potsdam, Am Mühlenberg 9, D-14476 Potsdam, E-Mail: marc.bubeck@uni-potsdam.de

Prof. Dr. Oliver Dimbath, Universität Koblenz, Institut für Soziologie, Universitätsstraße 1, D-56070 Koblenz, E-Mail: dimbath@uni-koblenz.de

Jan Ferdinand, M.A., Berlin

Tim Franke, M.A., RWTH Aachen University, Institut für Soziologie, Eilfschornsteinstraße 7, D-52062 Aachen, E-Mail: tfranke@soziologie.rwth-aachen.de

Prof. Dr. Jürgen Gerhards, Freie Universität Berlin, Institut für Soziologie, Garystraße 55, D-14195 Berlin, E-Mail: juergen.gerhards@fu-berlin.de

Dr. Hanna Haag, Frankfurt University of Applied Sciences, Gender- und Frauenforschungszentrum der hessischen Hochschulen, Hungenerstraße 6, D-60318 Frankfurt am Main, E-Mail: haag.h@gffz.de

Dr. Claudius Härpfer, RWTH Aachen University, Institut für Soziologie, Eilfschornsteinstraße 7, D-52062 Aachen, E-Mail: chaerpfer@soziologie.rwth-aachen.de

Prof. Dr. Roger Häußling, RWTH Aachen University, Institut für Soziologie, Eilfschornsteinstraße 7, D-52062 Aachen, E-Mail: rhaeussling@soziologie.rwth-aachen.de

Dr. Michael Heinlein, Institut für Sozialwissenschaftliche Forschung e.V., Jakob-Klar-Straße 9, D-80796 München, E-Mail: michael.heinlein@isf-muenchen.de

Fabian Hennig, M.A., Christian-Albrechts-Universität zu Kiel, Arbeitsbereich Gender & Diversity Studies, Westring 383, D-24118 Kiel, E-Mail: hennig@gender.uni-kiel.de

Prof. Dr. Detlef Horster, Leibniz Universität Hannover, Philosophische Fakultät, Im Moore 11, D-30167 Hannover, E-Mail: horster@ewa.uni-hannover.de

Rubén Kaiser, Friedrich-Schiller-Universität Jena, Institut für Soziologie, Carl-Zeiß-Straße 3, D-07743 Jena, E-Mail: ruben.kaiser@uni-jena.de

Manja Kotsas, M.A., Christian-Albrechts-Universität zu Kiel, Arbeitsbereich Gender & Diversity Studies, Westring 383, D-24118 Kiel, E-Mail: kotsas @gender.uni-kiel.de

Prof. Dr. Anne-Kristin Kuhnt, Universität Rostock, Institut für Soziologie und Demographie, Ulmenstraße 69, D-18057 Rostock, E-Mail: annekristin.kuhnt@uni-rostock.de

Markus Kurth, Universität Kassel, Untere Königsstraße 71, D-34117 Kassel, E-Mail: m.kurth@uni-kassel.de

Prof. Lutz Leisering, PhD, Universität Bielefeld, Fakultät für Soziologie, Universitätsstraße 24, D-33615 Bielefeld, E-Mail: lutz.leisering@uni-bielefeld.de

PD Dr. Nina Leonhard, Zentrum für Militärgeschichte und Sozialwissenschaften der Bundeswehr, Zeppelinstraße 127/128, D-14471 Potsdam, E-Mail: NinaLeonhard@bundeswehr.org

Prof. Dr. Renate Mayntz, Max-Planck-Institut für Gesellschaftsforschung, Paulstraße 3, D-50676 Köln, E-Mail: renate.mayntz@mpifg.de

Dr. Sarah Mönkeberg, Universität Kassel, Nora-Platiel-Straße 5, D-34127 Kassel, E-Mail: moenkeberg@uni-kassel.de

PD Dr. Frithjof Nungesser, Universität Graz, Universitätsstraße 15/G4, A-8010 Graz, E-Mail: frithjof.nungesser@uni-graz.at

PD Dr. Valentin Rauer, Türkisch-Deutsche Universität Istanbul, Şahinkaya Cad. 86, TR-34820 Istanbul Beykoz, E-Mail: rauer@tau.edu.tr

Dr. Oliver Römer, Georg-August-Universität Göttingen, Institut für Soziologie, Platz der Göttinger Sieben 3, D-37073 Göttingen, E-Mail: oliver. roemer@uni-goettingen.de

Prof. em. Dr. Bernhard Schäfers, Karlsruher Institut für Technologie, Institut für Soziologie, Medien- und Kulturwissenschaften, Schlossbezirk 12, D-76131 Karlsruhe, E-Mail: schaefers.bernhard@gmx.de

Dr. Marco Schmitt, RWTH Aachen University, Institut für Soziologie, Eilfschornsteinstraße 7, D-52062 Aachen, E-Mail: mschmitt@soziologie.rwth-aachen.de

Prof. Dr. Jürgen Schupp, Freie Universität Berlin, Institut für Soziologie, Garystraße 55, D-14195 Berlin, E-Mail: j.schupp@fu-berlin.de

Dr. Marcel Sebastian, TU Dortmund, Emil-Figge-Straße 50, D-44227 Dortmund, E-Mail: marcel.sebastian@tu-dortmund.de

Dunja Sharbat Dar, M.A., Ruhr-Universität Bochum, Centrum für religionswissenschaftliche Studien, Universitätsstraße 90a, D-44789 Bochum, E-Mail: dunja.sharbatdar@rub.de

Dr. Marco Sonnberger, Friedrich-Schiller-Universität Jena Sonderforschungsbereich Strukturwandel des Eigentums, Leutragraben 1, D-07743 Jena, E-Mail: marco.sonnberger@uni-jena.de

Dr. Elisabeth Süßbauer, Technische Universität Berlin, Zentrum Technik und Gesellschaft, Kaiserin-Augusta-Allee 104, D-10553 Berlin, E-Mail: suessbauer@ztg.tu-berlin.de

Constantin von Carnap, M.A., Institut für Supervision, Institutionsanalyse und Sozialforschung, Möckernkiez 18, D-10963 Berlin, E-Mail: v.carnap.constantin@googlemail.com

Marlene von Carnap, M.A., Institut für Supervision, Institutionsanalyse und Sozialforschung, Lichtensteinstraße 4, D-60322 Frankfurt am Main, E-Mail: marlene.carnap@gmail.com

Renate Mayntz
Paradigm Shifts in Macrosociology

Dieser Aufsatz betrachtet Veränderungen in makrosoziologischen Gesellschaftsvorstellungen, die traditionell von der primitiven über die mittelalterlich geschichtete Gesellschaft zur funktionell differenzierten modernen Gesellschaft führen. Verändert man die systemtheoretische zu einer akteurtheoretischen Perspektive, die mit Populationen individueller Akteure und Organisationen als kollektiven Akteuren arbeitet, werden wichtige strukturelle Veränderungen in westlichen Gesellschaften sichtbar. Die wichtigsten Veränderungen betreffen die ökonomische Globalisierung und die finanzielle Internationalisierung. Eine zunehmend flexibel agierende Population individueller Akteure und auf eng definierte Ziele orientierte Organisationen führen zu einer Situation, die heute als Instabilität wahrgenommen wird, obwohl ihre Ursachen über ein halbes Jahrhundert zurück reichen.

This paper looks at changes in macrosociological paradigms for social development that traditionally stretch from the primitive society through the stratified medieval society to the image of a functionally differentiated modern society. Changing the perspective from a systems theoretical view of societies to an actor perspective, I focus on populations of individual actors and organizations as collective actors. Over recent decades, important structural changes in the nature of populations and of organizations have taken place in the Western world. The most important relate to economic globalization and financial internationalization. An increasingly flexible population and narrowly goal-specific organizations produce a situation of societal instability that appears to characterize the present, though its causes reach back half a century.

Bernhard Schäfers
Immanuel Kants Bedeutung für die Soziologie

Immanuel Kants 300. Geburtstag im April 2024 ist gebotener Anlass, ihn auch aus soziologischer Sicht zu würdigen. Kant hat mit seinem Werk dem aufgeklärten, vernunftorientierten, von Dogmen und Vorurteilen freien Denken den Weg gewiesen. Ebenso verdanken wir ihm ein von idealistischen, theologischen und philosophischen Illusionen bereinigtes Menschenbild. Die Einflussbereiche Kants werden mit vier Punkten hervorgehoben: Seine Bedeutung für eine anthropologisch fundierte Soziologie; Georg Simmels an Kant orientierter Gesellschaftsbegriff; Kants Moral- und Sittenlehre als Ausgangspunkt für einen soziologischen Handlungsbegriff; seine Bedeutung für das Wissenschaftsprogramm des Kritischen Rationalismus und eine offene Gesellschaft.

Immanuel Kant's 300th birthday in April 2024 is a good occasion, to honour him also from a sociological point of view. With his work Kant pointed the way of enlightened, reason-oriented thinking, free of dogmas and prejudices. Likewise, we also owe to him an image of man cleaned up of idealistic, theological, or philosophical illusions. Kant's areas of influence are highlighted by four points: His importance for an anthropologically grounded sociology; Georg Simmel's Kant-oriented concept of society; Kant's ethics and moral science as the starting point for a sociological concept of action; his significance for the scientific program of critical rationalism and an open society.

Constantin von Carnap, Marlene von Carnap, Johann Behrens
Externe und interne Evidence in einer theoriebewusst »neuorientierten« soziologischen Methodenausbildung

Die in dieser Zeitschrift bereits veröffentlichten Vorschläge zur Neuorientierung der soziologischen Methodenausbildung ergänzen wir mit folgendem dreigegliederten Fazit: Eine Methodenausbildung, die zu den häufigsten von Soziolog:innen ausgeübten Professionstätigkeiten beiträgt, sieht die Theorieabhängigkeit aller ›Daten‹ und befähigt zum Aufbau klientenspezifischer *interner* Evidence unter Nutzung aller *externen* Evidence. Ob für diese Methodenausbildung wirklich die Aufteilung des vorigen Jahrhunderts in Theorie- und Methodenlehrstühle und letztere in ›quantitative‹ und ›qualitative‹ Methoden noch förderlich ist, verdient eine kritische Diskussion – und das für beide Bedeutungen, die das Wort Methoden-Ausbildung hat: für die Ausbildung in Methoden und die Ausbildung von Methoden. Alle Methoden, die für die Analyse soziologischer einschließlich ökonomischer Gegenstände taugen können, sind ›qualitative‹, d.h. theoriegeleitete hermeneutisch-interpretative Verfahren. Sie lernt man am besten praktizierend. In diese Praxis werden alle Verfahren inkludiert, die einem theoretischen Gegenstand angemessen sind. Dazu bedarf es Zeit im Studium. Die alte Hoffnung, statt abduktiver und deduktiver Untersuchungspläne *induktive* nutzen zu können, erfüllt sich nicht, weder für explorative, noch für kausal interpretierende Analysen. Dabei können ›lernende‹ Maschinen nützlich werden, sofern es dereinst gelingt, Licht in diese Black Boxes zu werfen und die theoretischen Annahmen zu erkennen, die in die Fortschreibung ihrer Algorithmen eingehen.

We supplement the proposals already published in this journal on the reorientation of sociological methods training with the following three-part conclusion: Methodological training that contributes to the most common professional activities carried out by sociologists sees the theory dependence of all ›data‹ and enables the development of client-specific internal evidence using all external evidence. Whether the division of the last century into theory and methods chairs and the latter into ›quantitative‹ and ›qualitative‹ methods is really still conducive to this methods training deserves critical discussion – and this for both meanings that the word methods training has: for training in methods and the development of methods. All methods that are suitable for analysing sociological, including economic, objects are ›qualitative‹, i.e. hermeneutic-interpretative methods based on theory. They are best learned by practicing them. All methods that are appropriate to a theoretical subject are included in this practice. This requires time during studies. The old hope of being able to use inductive instead of abductive and deductive research plans is not fulfilled, neither for explorative nor for causal interpretative analyses. Yet ›learning‹ machines can be useful, provided that one day it is possible to shed light on these black boxes and recognize the theoretical assumptions that go into updating their algorithms.

Hinweise für Autorinnen und Autoren

Bitte berücksichtigen Sie folgende Hinweise zur Textgestaltung:
Verwenden Sie *Fußnoten* nur für inhaltliche Kommentare, nicht für bibliographische Angaben. Geben Sie *Literaturhinweise im Text* durch Nennung des Autorennamens, des Erscheinungsjahres und ggf. der Seitenzahl in Klammern. Zum Beispiel (König 1962: 17).

Bei *bis zu drei Autor:innen* geben Sie alle Namen an und trennen durch Kommata; bei *mehr als drei Autor:innen* ergänzen Sie den ersten Namen um »et al.«. Kennzeichnen Sie *mehrere Titel pro Autor:in* und Erscheinungsjahr durch Hinzufügung von a, b, c … (König 1962a, 1962b).

Mehrere, aufeinander folgende Literaturhinweise werden durch Semikolon getrennt (König 1962: 64; Berger, Luckmann 1974: 137)

In der *Literaturliste am Schluss des Manuskriptes* führen Sie alle zitierten Titel alphabetisch nach Autorennamen und je Autor:in nach Erscheinungsjahr (aufsteigend) geordnet auf, bei mehreren Autor:innen alle namentlich durch Schrägstrich getrennt nennen. Geben Sie Verlagsort und Verlag an.

Bücher: Luhmann, Niklas 1984: Soziale Systeme. Grundriss einer allgemeinen Theorie. Frankfurt am Main: Suhrkamp.

Zeitschriftenbeiträge: Müller-Benedict, Volker 2003: Modellierung in der Soziologie – heutige Fragestellungen und Perspektiven. SOZIOLOGIE, 32. Jg., Heft 1, 21–36.

Beiträge aus Sammelbänden: Lutz, Helma 2003: Leben in der Twilightzone. In Jutta Allmendinger (Hg.), Entstaatlichung und soziale Sicherheit. Opladen: Leske + Budrich, 254–266.

Internetquellen: Stark, Philip B. / Freishtat, Richard 2014: An Evaluation of Course Evaluations. ScienceOpen Research, doi: 10.14293/S2199-1006.1.SOREDU.AOFRQA.v1.

oder Steffen, Wiebke 2003: Polizeilich registrierte Gewalttaten junger Menschen: Grund zu Furcht und Sorge? Sozialwissenschaften und Berufspraxis, 26. Jg., Heft 2, 135–148. https://nbn-resolving.org/urn:nbn:de:01 68-ssoar-38044. Letzter Aufruf am 27. April 2021.

Im Literaturverwaltungsprogramm *Citavi* können Sie unseren *Zitationsstil »Soziologie – Forum der Deutschen Gesellschaft für Soziologie«* nutzen. Fügen Sie Ihrem Manuskript bitte eine *deutsche* und eine *englische Zusammenfassung von maximal je 15 Zeilen*, sowie *Name, Titel* und *Korrespondenzadresse* bei. Schicken Sie Ihren Text bitte als .docx, .rtf oder .odt per E-Mail an die Redaktion der SOZIOLOGIE: soz-red@sozio.uni-leipzig.de.

Für *Berichte aus den Sektionen* beachten Sie bitte, dass der Text 7.500 Zeichen (inkl. Leerzeichen) nicht überschreiten sollte.

Neue Reihe

Gesellschaftlicher Zusammenhalt
Herausgegeben von Nicole Deitelhoff, Olaf Groh-Samberg und Matthias Middell für das Forschungsinstitut Gesellschaftlicher Zusammenhalt (FGZ)

Der »Gesellschaftliche Zusammenhalt« ist zu einer neuen politischen Leitvokabel geworden. Konflikte, Krisen und Ungleichheiten erscheinen als Gefahren für den Zusammenhalt, politische Programme formulieren einhellig das Ziel seiner Stärkung. Daraus erwachsen neue Fragen für die Forschung: Wie lässt sich Zusammenhalt wissenschaftlich begreifen? In welchem Verhältnis steht der Begriff zu anderen Leitvokabeln, zu etablierten sozial- und geisteswissenschaftlichen Konzepten? Wie lassen sich Zusammenhalt und seine Einflussfaktoren fassen und empirisch messen oder beschreiben – und was ist aus den Ergebnissen für Politik und Gesellschaft zu lernen? An welchen Stellen sind Begriff, Konzept und die damit gefassten gesellschaftlichen Verhältnisse zu kritisieren? Und was lässt sich dazu im historischen und globalen Vergleich erfahren? Die neue Reihe präsentiert Ergebnisse aus dem Forschungsinstitut Gesellschaftlicher Zusammenhalt (FGZ), an dem über 200 Wissenschaftler:innen an 11 Standorten zu diesen Fragen forschen.

Reinhold Sackmann, Peter Dirksmeier, Jonas Rees, Berthold Vogel (Hg.)
Sozialer Zusammenhalt vor Ort
Analysen regionaler Mechanismen
2024 · 233 Seiten · € 38,-
ISBN 978-3-593-51817-6

Gesellschaftlicher Zusammenhalt besteht nicht von selbst, sondern ist auf bestimmte Mechanismen seiner Genese angewiesen. Davon ausgehend beschäftigen sich die Beiträge dieses Bandes mit der Frage, welche Mechanismen dies konkret sind und wie sie sich hervorbringen lassen. Auf der Grundlage einer eigenen repräsentativen Panelstudie diskutieren sie, wie soziale Kohäsion auf lokaler Ebene etabliert und aufrechterhalten werden kann. Zugleich verdeutlichen ihre Analysen die Vielfalt der empirischen Erklärungsansätze gesellschaftlichen Zusammenhalts.

campus.de

campus
Frankfurt. New York